LARP ATTACK!
Esperienze e riflessioni dal mondo dei giochi di ruolo dal vivo
A cura di Andrea Giovannucci e Lorenzo Trenti
Volume pubblicato in occasione
del sesto Larp Symposium

Roma 2015

Prima edizione: settembre 2015

Progetto editoriale, coordinamento e progetto grafico: Andrea Giovannucci, Lorenzo Trenti.

Composizione e impaginazione: Lapo Luchini.

Autori: Andreas Aceranti, Anna Sara D'Aversa, Maurizio Gasparetti, Andrea Giovannucci, Kaisa Kangas, Margherita Masetti, Nicola Monteferrante, Mariano Tomatis, Giuliano Tosto, Lorenzo Trenti, Simonetta Vernocchi.

Traduttore: Lorenzo Trenti.

Revisione e proofreading: Andrea Giovannucci e Lorenzo Trenti.

Progetto grafico di copertina: Andrea Giovannucci.

ISBN 978-1-326-44 631-4
editore: Larp Symposium
Stampa a cura di Lulu.com

Larp attack!

Esperienze e riflessioni dal mondo dei giochi di ruolo dal vivo

A cura di Andrea Giovannucci e Lorenzo Trenti

Volume pubblicato in occasione del sesto Larp Symposium

Roma 2015

Indice

Questo, per quanto posso capire, è il valore specifico o il "bene" della letteratura considerata come logos: ci introduce a esperienze diverse dalle nostre. Come le nostre esperienze personali, non tutte meritano di essere provate. Alcune ci "interessano" più di altre. Naturalmente le cause di questo interesse sono estremamente diverse e variano da un uomo all'altro; possono essere tipiche (e in questo caso diciamo "come è vero!") o anormali (e in questo caso diciamo "che strano!"); possono essere belle, terribili, maestose, esilaranti, patetiche, comiche o semplicemente argute. La letteratura ci offre l'entrée a tutto questo.

Clive S. Lewis, Lettori e letture, 1961

Larp attack! Sì, con tanto di punto esclamativo.

Il gioco di ruolo dal vivo va all'assalto ed entra sempre più di diritto tra le forme di espressione riconosciute, al pari della letteratura, del cinema e del teatro.

Ci permette di fare esperienze non solo ricreative ma significative, al punto che le categorie del puro intrattenimento non sono più sufficienti a descrivere la sua natura e la sua specificità.

È anche per questo che, in Italia e nel resto del mondo, un numero crescente di studiosi si dedica ad approfondire i diversi aspetti del larp. È il segno evidente che da più parti viene riconosciuta a questa peculiare forma espressiva una sua complessità sfuggente, un'ineffabilità, una sfida affascinante che comincia a richiedere studi e attenzioni particolari. Ogni evento di gioco di ruolo dal vivo ha una sua natura di transitorietà, di *qui e ora*, che rende complesso analizzare quello che succede davvero nello svolgimento del gioco. Il larp è simile a un *mandala*.

Ogni evento di gioco di ruolo dal vivo è un'opera complessa, un corpo proteiforme in cui le più diverse competenze e pratiche si incontrano (e si scontrano!) per dare vita a qualcosa che è perfino complesso da raccontare agli amici una volta tornati a casa. Ma esso è sopratutto artigianato del pensiero e della mano. Per questo a noi piace pensare (ed è l'altro motivo per cui questo volume si chiama così, in onore a una nota trasmissione per ragazzi) che è bello armarsi di forbici con la punta arrotondata e abbondante colla vinilica, per smontare e rimontare, tagliare e incollare. Entriamo di soppiatto nella bottega di questi strani artigiani, tra tubetti di tempera spremuti e fogli accartocciati, per osservare cosa succede dietro le quinte. Cerchiamo tra gli scaffali i materiali che utilizzano, le ispirazioni che li muovono e le opere più curiose e interessanti che hanno creato. Quello del larp è un mondo ricchissimo di possibilità, molte delle quali ancora tutte da esplorare.

Gli articoli che trovate nelle pagine seguenti sono stati raccolti in occasione del sesto Larp Symposium. Sono divisi in **esperienze** di larp già avvenuti e **riflessioni** di approfondimento sui giochi di ruolo dal vivo.

Buona lettura e... non abbiate paura di sporcarvi le mani.

I curatori

Parte I: Esperienze

Nicola Monteferrante

Per una storia del larp

Il gioco di ruolo dal vivo o larp è una delle applicazioni moderne di un'aspirazione tanto antica quanto radicata nell'essere umano: fare finta di essere un altro (*pretend play* o gioco simbolico), simulare la realtà per insegnamento o divertimento, sperimentare emozioni che non si avrebbe modo di provare altrimenti (come il brivido di un combattimento all'arma bianca).

Le sue radici storiche, copiosamente ramificate, affondano in diverse manifestazioni: nelle finte battaglie navali e nei conviti in costume degli antichi romani; nella "Festa dei Folli" dell'Inghilterra medievale, che vede ribaltato il rapporto tra padrone e servo; nella grande tradizione della Commedia dell'Arte italiana e nelle sue prestazioni improvvisate; nel Carnevale e nei suoi più moderni affini, come Halloween e Mardi Gras. Tuttavia, probabilmente gli avi spirituali più diretti dei larp vanno cercati nei tornei cavallereschi e soprattutto nell'Europa del Rinascimento: nei suoi spettacoli sfarzosi, nelle rappresentazioni all'aperto, nelle mascherate, quando gruppi di danzatori in costume appaiono inaspettatamente a corte, spesso introdotti da brevi scenette teatrali che ne spiegano il travestimento, e in tutto ciò che allieta con fasto sontuoso le corti. Attività all'epoca riservate alle più alte sfere della società, mentre oggi, paradossalmente, che degli adulti si travestano e facciano finta di essere altri - a meno che non si tratti di attori in teatro - appare una occupazione alquanto bizzarra, ancora una volta vista con sospetto o addirittura stigma e considerata retaggio di una nicchia di disadattati.

In questi passatempi i Tudor si distinguono in modo particolare: Enrico VIII, per esempio, ama presentarsi travestito a corte e disporre recite all'aperto, mentre sua figlia Elisabetta I organizza una serie di viaggi insieme alla sua corte, noti come "processioni reali", durante i quali i cortigiani per ingraziarsi la sovrana sperperano cifre immani in particolari intrattenimenti teatrali. Come avviene nei larp, l'azione scenica non si svolge per un pubblico al di là del palcoscenico, ma è dispersa e presentata dinamicamente, con gli attori che compaiono all'improvviso dai boschi o dagli anfratti di un castello, e interagiscono con la regina mettendola al centro dell'azione, coinvolgendola nella trama e facendone un'attrice senza copione. Allo stesso modo dei larp, vige una "spontaneità pianificata", poiché non tutti gli intrecci possono venire rappresentati o prendere la direzione auspicata in partenza: gli attori, che noi oggi definiremmo nella pratica personaggi non giocanti, devono prevedere quella che sarà la volontà della sovrana e attenderla per sorprenderla. Infine, anche i temi che guardano al passato mitologico (miti greci, ciclo arturiano, Robin Hood) sono gli stessi che vengono maggiormente richiesti dai giocatori di larp, i quali attraverso di essi cercano di esprimere problemi della vita reale, così come i cortigiani vogliono non solo divertire e onorare Elisabetta I, ma anche conquistare i suoi favori a scopo politico o personale tramite allegorie.

Gli altri avi illustri dei larp, i tornei cavallereschi, riscuotono un successo tale da durare dal medioevo fino al periodo dei Tudor, per venire riscoperti addirittura in epoca vittoriana, quando il temperamento romantico riporta in auge il gusto per la letteratura medievale e neogotica. La grande ambizione dei neogotici non è molto diversa da quella di molti giocatori di larp: *"to taste the drama of medieval life in as many ways is possible - in hawking, archery, in a Merry Xmas in the Barron's Hall with a yule log, malmsey wine and a boar's head; and also, naturally enough if given the opportunity, in wearing armour and taking part in a tournament"*. Tutto ciò per quanto riguarda le antiche radici spirituali e ideologiche dei larp, mentre il loro retaggio pratico è più recente e va a incrociare lo sviluppo dei giochi di ruolo, poiché risiede in *Kriegsspiel* e nei *wargame* in generale.

È difficile tuttavia tracciare una linea genealogica precisa, poiché i larp si sviluppano spontaneamente dal basso quando, in differenti zone degli Stati Uniti, gruppi di amici iniziano a giocare nei cortili, tentando di colpirsi con bastoni imbottiti. Un articolo di *Life* del 3 marzo 1941 ci porta a conoscenza di *Atzor*, un vero antesignano del genere, frutto di un'idea perseguita da Frederick Lee Perton, studente universitario di Lincoln nel Nebraska, fin dal 1934. *Atzor* è un pianeta formato da dieci nazioni (due in origine), ciascuna governata da un ragazzo o una ragazza che, in qualità di monarca, ne disegna i francobolli e il conio. Nelle foto essi sono vestiti come nobili del periodo della Grande Guerra, con gli uomini in alta uniforme militare. L'articolo spiega anche come risolvere i conflitti (battaglie navali) tramite modellini ai quali, durante gli scontri notturni tenuti in una cantina buia, viene dato fuoco sul serio. Gli attacchi delle truppe terrestri vengono gestiti fissando perni su una mappa e l'esito è deciso da un arbitro. L'articolo si conclude affermando che, agli occhi dei giocatori, *Atzor* è incomparabilmente più reale e coinvolgente della vita a Lincoln, mentre i genitori preoccupati si chiedono come andrà a finire: sentimenti che descrivono molti larp odierni. È ancora presto per la nascita ufficiale dei larp, ma *Atzor* è decisamente un valido precursore. Un altro può essere individuato nella *Society for Creative Anachronism* o *SCA*, costituita da un gruppo di amici nel 1966 a Berkeley in California, dedita alla rievocazione medievale di fatti non realmente accaduti. Ogni partecipante veste i panni di un personaggio d'epoca (per esempio un cavaliere inglese del XV secolo, un monaco cinese del XIII secolo, ecc.) e opera secondo i costumi del tempo. L'obiettivo della *SCA* è però solo l'accuratezza storica nel vestire e agire come sarebbe avvenuto in una particolare era, mentre nei larp si punta molto a interpretare un personaggio in particolare in una vita immaginaria e a sviluppare le sue caratteristiche e la sua storia.

Per la nascita ufficiale dei giochi di ruolo dal vivo dobbiamo aspettare gli anni '70 e i primi anni '80, quando la concomitanza di diversi eventi contribuisce a creare un clima culturale fertile. Lo sviluppo della narrativa di genere e le conseguenti convention dedicate a fumetti e fantascienza, la nascita delle comunità di appassionati o *fandom* (da *fan-kingdom*, regno dei fan) grazie al pioniere gruppo dei *Trekkers*, quello degli ammiratori della serie televisiva *Star Trek*, e soprattutto l'uscita del primo episodio di *Star Wars*, sono tutti fattori che scuotono l'immaginazione degli americani. Insieme a essi dobbiamo citare anche la pubblicazione di *Dungeons & Dragons*: i primi larp, infatti, si ispirano alle stesse meccaniche del più famoso gioco di ruolo da tavolo per la generazione dei punteggi che costituiscono le caratteristiche dei personaggi.

Lizzie Stark riporta *Dagorhir* come precursore del genere, un gioco di ambientazione fantasy medievale, fondato nel 1977 in Maryland da Brian Wiese, matricola di college ossessionato dal medioevo e dai suoi combattimenti, che in quel periodo divora qualsiasi prodotto culturale sull'argomento. Con i suoi amici, Wiese si diverte a leggere brani tratti da *Il Signore degli Anelli* e a fantasticare su come riprodurre le epiche battaglie descritte nell'opera, cercando di combinare la caccia agli orchi col più classico "cattura la bandiera". Il gruppo inizia quindi a sperimentare la costruzione di armi fittizie: fissa della gommapiuma estratta dai divani ad alcuni bastoni con colla e nastro adesivo, si procura archi giocattolo in fibra di vetro, modifica vere frecce di legno eliminando le punte e sostituendole con palline di gommapiuma grandi quanto il bulbo di una lampadina. Per mezzo di esse hanno luogo in una fattoria due battaglie sperimentali, denominate *Hobbit War*, tra due fazioni di studenti della locale high school, nel 1977 e nel 1978: il risultato però, per quanto divertente, è molto caotico. Wiese così decide di cambiare gruppo e, grazie a semplici annunci pubblicitari, raduna una nuova schiera più affiatata e di età lievemente superiore che chiama *Dagorhir*. Per la terza battaglia, tenuta nella primavera del 1979, il regolamento viene sviluppato in modo considerevole: per sicurezza, le armi sono sempre testate in precedenza e i costumi divengono obbligatori. Inoltre, molti giocatori scelgono nomi di battaglia dal dizionario elfico tolkieniano e il linguaggio contemporaneo viene bandito per creare un'atmosfera medievale. Questa volta il gruppo ha successo e le due armate, sempre più numerose, iniziano a scontrarsi quasi una volta al mese. Quando una stazione televisiva locale realizza un documentario su *Dagorhir* e riesce a trasmetterlo in syndication, la fama del nuovo hobby si diffonde in tutti gli Stati Uniti, procurando nuove richieste di adesione e non pochi problemi circa l'uso delle armi fittizie, che nei primi anni sono di fattura poco raffinata: non è raro infatti che gli scontri si concludano con occhi neri e labbra sanguinanti. Sebbene non sia ancora un larp a tutti gli effetti, poiché orientato più ai combattimenti che allo sviluppo dei personaggi, tuttavia *Dagorhir* rappresenta un importante punto di origine per i giochi di ruolo dal vivo, sia per il precoce uso delle armi fittizie che per l'enfasi marginale accordata ad alcune caratteristiche del role playing, come l'impiego di costumi. La fama di *Dagorhir* contribuisce a incrementare l'interesse verso le pratiche del gioco di ruolo: da questo momento molti appassionati cercano di sviluppare le proprie regole per il gioco simbolico e la storia del larp diventa troppo ramificata per dipanarne il filo. Possiamo però citare alcuni giochi che rappresentano punti fermi.

Luca Giuliano cita come primo larp a tutti gli effetti *Treasure Trap*, organizzato da un gruppo di giocatori di ruolo e aspiranti attori inglesi, che nel 1982 affittano l'intero castello di Peckforton, nel Cheshire, per vivere delle avventure fantasy con un alto grado di realismo. Pagando una quota di iscrizione i giocatori, in costume e muniti di armi rivestite di gommapiuma, possono interpretare un personaggio dotato di particolari abilità e risorse, afferente a una delle gilde del castello, e impegnarsi nella ricerca di un tesoro o nella liberazione di una principessa dagli orchi. Il tutto si svolge sotto la guida di arbitri esperti che interpretano anche gli altri personaggi non giocanti avversari, spesso nelle vesti di mostri.

Nel 1984 il *jeux de rôles Grandeur Nature* fa la sua apparizione anche in Francia dove, dopo una iniziale prevalenza del genere fantasy, si diffondono gli ambienti ispirati all'horror investigativo e al giallo classico, grazie alla costruzione di storie, alla cura nei dettagli e ai regolamenti semplici che non interrompono la tensione narrativa durante lo svolgimento del gioco. In queste tendenze, che in seguito si diffonderanno in tutto il mondo, i francesi sono precursori. In Italia, il gioco di ruolo dal vivo viene introdotto nel 1988 nell'area milanese dall'associazione *Regno di Ranaan*, di Ulisse Provolo.

Tornando alla scena statunitense, alla fine degli anni Ottanta nel Massachussetts viene fondata la *New England Role Playing Organization* o *NERO*, che combina i combattimenti fittizi e le avventure con la soluzione di misteri nello stile di *D&D*, e assume una grande influenza nel mondo del larp, poiché diviene un franchising di quasi cinquanta capitoli diffusi per tutta la nazione, attraverso i quali i giocatori possono spostarsi portando con sé i propri personaggi. Parallelamente a questo genere di larp, più orientato al combattimento e all'ambientazione fantasy medievale, nei primi anni ottanta nasce a Boston una forma diversa di espressione, chiamata *theater-style larp* oppure *parlor larp*. Essa si sviluppa nelle convention di fantascienza grazie a due organizzazioni studentesche, la *Society for Interactive Literature (SIL)* della Harvard University e la *Assassins' Guild* del

MIT, entrambe impegnate a giocare ai larp nei campus universitari e durante le convention. Le intenzioni di questo stile di gioco sono chiare già dal nome: l'aspetto narrativo e interpretativo assume un peso sempre maggiore, così come la soluzione di enigmi e gli intrighi politici. La violenza a volte è consentita, ma anche in quel caso non viene posta al centro dell'azione. Un ulteriore e importante passo che questo ramo del larp compie sulla strada del teatro interattivo è indubbiamente l'uscita negli anni Novanta della versione live action di *Vampire: The Masquerade*, forse il gioco interpretativo per eccellenza. Il nuovo sistema sostituisce i dadi con una versione ponderata della morra cinese (nella quale, cioè, viene assegnato un punteggio differente a seconda che si vinca con carta, pietra o forbici).

L'evoluzione di questo ramo dei larp è ancora in atto. Da una costola della *Society for Interactive Literature* nasce infatti la *Live Action Role Playing Association* o *LARPA*, che organizza una serie di convention dette *Intercons* dedicate esplicitamente allo sviluppo e alla divulgazione del *theater-style larp*. Sul versante interpretativo del larp, tuttavia, le varianti più fertili, creative e aperte alla sperimentazione restano quelle afferenti all'avanguardia scandinava.

Bibliografia

Ghilardi, M., Salerno, I., *Giochi di ruolo. Estetica e immaginario di un nuovo scenario giovanile*, Tunué, Latina 2007

Giuliano, L., *I padroni della menzogna. Il gioco delle identità e dei mondi virtuali*, Meltemi, Roma 1997

Giuliano, L. (a cura di), *Il teatro della mente. Giochi di ruolo e narrazione ipertestuale*, Guerini, Milano 2006

Mackay, D., *The Fantasy Role-Playing Game: A New Performance Art*, McFarland, Jefferson, NC 2001

Stark, L., *Leaving Mundania. Inside the Transformative World of Live Action Role-Playing Games*, Chicago Review Press, Chicago, Illinois, USA 2012

L'autore

Nicola Monteferrante, 1976, si laurea in Scienze della Comunicazione presso l'Università di Roma La Sapienza con la tesi "Tra regole e interpretazione: i giochi di ruolo on line e live action". Musicista e giocatore per passione, opera nel campo della ricerca etnoantropologica e della rielaborazione della musica popolare. Quando scopre i mondi che le varietà dei giochi di ruolo riescono a creare ne resta rapito, tanto da diventarne studioso. Ne riemerge per mettere a frutto i suoi interessi svolgendo attività di pubblicista freelance nel campo della musica, del cinema e, ovviamente, del gioco.

Indicazioni bibliografiche di questo articolo

Monteferrante, N. (2015) "Per una storia del larp", in Giovannucci, A., Trenti, L. (a cura di), *Larp attack! Esperienze e riflessioni dal mondo dei giochi di ruolo dal vivo*, Roma, Larp Symposium.

Lorenzo Trenti

Giocare per resistere. Larp e resistenza nel 70° della Liberazione

Nel 2015 si è festeggiato in Italia il 70° anniversario della liberazione dal nazifascismo. Si tratta di un elemento caratterizzante l'identità civile del paese, che viene ricordato solennemente dalle istituzioni (il 25 aprile è festa nazionale) ma con l'andare del tempo e la progressiva scomparsa fisiologica dei testimoni oculari dell'epoca rischia di diventare appunto un evento solamente istituzionale, che non riesce a raccontare alle generazioni di chi non c'era la realtà di un evento così significativo.

Forse è proprio perché si festeggiava un anniversario a cifra tonda che il mondo del larp italiano, stimolato dalla ricorrenza e dai temi a essa legati, ha ideato e prodotti alcuni larp sul tema. Si è trattato di giochi di ruolo dal vivo con un'ambientazione realistica, raramente esplorata dalla scena italiana, e con un obiettivo alto e coraggioso: fare memoria del passato comune attraverso il gioco.

In questo articolo esploreremo intenzioni e retroscena di due dei principali larp[1] che nel 2015 sono stati accomunati dal tema, anche se in un'ottica uguale e speculare: *La fiera di San Martino - 1939* dell'associazione Cyber Masters e *I ribelli della montagna* del collettivo Terre Spezzate. Il primo ricostruiva una sagra di paese ambientata nella campagna del 1939 in pieno ventennio, mentre il secondo si è concentrato sull'occupazione nazifascista di un piccolo borgo nell'autunno del

---

1   Non sono stati gli unici eventi a tema: ci sono stati almeno altri due eventi degni di nota durante la manifestazione Play! a Modena. Stiamo parlando di *70 anni dopo*, sorta di viaggio nel tempo ambientato in un 2015 ucronico in cui il fascismo non è mai caduto (organizzato sempre da Cyber Masters), e la caccia al tesoro *Cronoricerca nel tempo* organizzata per le vie della città da Cronosfera Viaggi nel Tempo.

1944. Ne abbiamo parlato con due degli organizzatori, Marco Della Corte per *La fiera di San Martino* ed Elio Biffi per *I ribelli della montagna*.

Origine di un larp storico

"Come per tutti i progetti di Terre Spezzate – racconta Elio Biffi – l'idea nasce dalla condivisione di un *pitch* personale. Andrea Capone ebbe l'illuminazione per un larp ambientato nel 1944 la prima volta che vide la location del Villaggio delle Stelle, nel marzo dell'anno scorso. Preparò un soggetto di massima, che presentò in uno dei nostri momenti associativi di brainstorming durante l'estate successiva. L'idea ci piacque, e da lì in poi, abbiamo raccolto idee, persone, collaborazioni... e abbiamo dato vita all'evento. Lo staff de *I ribelli della montagna* è un gruppo formato per l'occasione composto da persone più o meno gravitanti nell'orbita di Terre Spezzate. Sono individui molto diversi, dal giovane scenografo di 17 anni al 61enne proprietario della location. Lo staff era piuttosto ristretto e non nascondo che la cosa ci ha creato fatiche e preoccupazioni, specie per la prima replica (alla seconda abbiamo avuto rinforzi sul campo pescati tra i giocatori della prima *run*). Da qualche tempo utilizzare gruppi organizzativi *one shot* è lo standard per gli eventi di Terre Spezzate, ma sono orgoglioso di dire che *I ribelli* è stato il primo grande progetto dell'associazione a cui non hanno collaborato i fondatori, che anzi lo hanno giocato con piacere".

Il fatto di giocare in un contesto storico porta dei pro e dei contro in termini di documentazione e ricostruzione dell'ambiente di gioco. "La location de *La fiera di San Martino* era già a tema", afferma Marco Della Corte, riferendosi alla ex scuola di campagna sede dell'associazione. "È bastato 'smodernizzare' alcuni elementi e limitare l'accesso alle zone non allestibili in modo credibile. Al resto hanno pensato le attività esperienziali: la cucina, i giochi tipici delle fiere di paese, le trame fra personaggi... e pochi ma significativi elementi scenici, come la radio d'epoca sempre accesa e i manifesti pubblicitari del periodo. Per quanto riguarda la documentazione sarebbe stato inutile focalizzarsi su elementi epici. *La fiera* non doveva essere il fulcro di un evento storico eclatante, ma il piccolo paese normale dove la quotidiana si rompe attraverso pochi elementi chiave. Del resto, all'epoca, il fascismo nei piccoli borghi non era percepito come una vera dittatura ma come un elemento quasi folcloristico. La vita dura nei campi era e restava tale, e le bastonate potevano dartele i campieri come i padroni. Il lavoro principale è stato sui personaggi, ma per il resto è stata un'impresa a misura di uomo".

Biffi: "Non parlerei di più facile o più difficile, semplicemente direi che è un lavoro diverso. Da un lato, in effetti, la verosimiglianza storica e la conseguente fatica di documentazione hanno sicuramente pesato molto sul lavoro di scrittura, soprattutto nel lento e faticosissimo percorso di coniugarle con la ludicità e interattività dell'evento. Dall'altro lato, invece, avere a disposizione la realtà storica ci ha regalato tantissimo materiale, profondità e complessità. Nulla di tutto questo sarebbe stato possibile con un'ambientazione di fantasia. Inoltre, il lungo lavoro di *culture calibration* necessario a rendere condiviso l'immaginario di riferimento di un evento con questa impostazione così densa narrativamente è stato facilitato dalla quantità di fonti di ispirazione disponibili per noi e i giocatori: per esempio, ci sono moltissimi romanzi, film, documentari sulla Resistenza, la Repubblica di Salò, le Waffen SS..."

Larp e politica

In Italia la memoria storica su quello che ha rappresentato la Resistenza non è ancora completamente condivisa. In particolare i temi politici di un'ambientazione storica come questa potrebbero dar luogo a situazioni spiacevoli da parte di "estremisti", non necessariamente giocatori ma anche persone venute a conoscenza dell'evento. In realtà entrambi i larp hanno scansato elegantemente questo problema.

Biffi: "Non credo definirei problemi brevi polemiche online, però sono state effettivamente le uniche destabilizzazioni che abbiamo avuto riguardo tale questione. Abbiamo puntato molto fin dall'inizio sulla chiarezza e completezza dei materiali e del sito, tant'è che da subito sulla homepage e nel presskit chiarivamo la nostra posizione: siamo antifascisti convinti di dover analizzare nella nostra opera anche il punto di vista degli sconfitti, non tanto per salvarli dal giudizio morale e riabilitarli, quanto per capire che in fondo erano umani come tutti gli altri, colpevoli di essere figli del loro tempo. Qualcuno ha faticato a capirlo, ma devo dire che nel 90% dei casi dopo qualche spiegazione ogni polemica è cessata. Ci sono state poi alcune recriminazioni che potrei sintetizzare in 'non è possibile dire cose serie con un gioco', ma non credo c'entri la politica".

In effetti fra i vari punti di contatto che hanno accomunato i due eventi ce n'è uno che rappresenta un caso più unico che raro nel panorama ludico italiano: il patrocinio di un'istituzione. Se *La fiera di San Martino* aveva infatti l'appoggio del Comune di Carpi (MO), *I ribelli della montagna* ha avuto il patrocinio dell'ANPI Torino (Associazione Nazionale Partigiani d'Italia).

Della Corte: "L'attività è stata patrocinata dal Comune di Carpi poiché rientrava nell'ambito di una serie di progetti sul 70° della Resistenza. È stata ricompensata da una buona partecipazione e ha anche avuto un seguito, sul territorio cittadino di Modena, con una versione alternativa e più alla portata del partecipante occasionale".

In entrambi i casi si è trattato se non altro del riconoscimento del fatto che un larp può rappresentare una forma di espressione del tutto paragonabile alla letteratura, al teatro o al cinema, degna di apparire in un cartellone di iniziative "serie". E anche questo, forse, rappresenta un avallo all'onesta intellettuale degli organizzatori, che sono stati obiettivi senza per questo appiattirsi su una presunta neutraltà. Si tratta di un equilibrio delicato, che proprio nella costruzione dei personaggi trova le sfide più complesse.

Personaggi resistenti

Creare dei personaggi per un larp significa assumere per ognuno di essi un punto di vista. In un'ambientazione storica come questa, i personaggi negativi sono apparentemente quelli più a rischio: se sono "cattivi" a tutto tondo sono macchiette, se li si umanizza troppo... non c'è il rischio di finire per giustificare il comportamento di nazisti e fascisti?

Della Corte: "Non ho avuto difficoltà perché la prima cosa è renderli credibili, e rendere giustificabile il loro comportamento. Le camicie nere non erano cattive, erano persone al servizio di quel sistema, con le loro ambizioni, le loro paure e i loro dubbi, e tra di loro c'era chi temeva il peggio, come fra i paesani c'era chi si sentiva protetto da loro. Cattiveria e bontà sono aspetti umani che, se giustificati, fanno funzionare ogni personaggio senza bisogno di macchiette. Nessuno che è cattivo con un'altra persona sa veramente di esserlo, magari crede solo di essere nel giusto. Oppure un atteggiamento molto determinato può passare per cattiveria agli occhi di un timido. E poi, un 'cattivo' può benissimo essere tale con una persona, ma gentile con un'altra... e questo genera altri spunti di interpretazione e gioco non banali. Umanizzare ed entrare nel quotidiano di ogni massaia, contadino, artigiano, borghese e camicia nera era proprio lo scopo de *La fiera*, affinché si comprendesse che tutto il sistema fascista girava in quel modo. Umanizzare non significa giustificare, ma giocando si capiva bene come le scelte del giocatore erano soprattutto etiche. Devo schierarmi o astenermi? Mi vendico o posso perdonare chi mi ha fatto del male? Devo tenermi tutto quello che ho, oppure condividerlo con gli altri? Devo tradire per salvarmi anche se questo farà soffrire qualcun altro?"

Biffi: "Ho condiviso con un collega la scrittura delle WaffenSS e le grandi ansie conseguenti. I rischi erano tanti. Ma, come già riportato, dire che da una parte c'erano i buoni e dall'altra i cattivi è semplicistico e fallace. Una volta superato lo sforzo di comprendere (senza condividere!) il sistema di valori del nazismo, è affascinante e terribile capire che alla fine erano uomini fatti come tutti di carne e desideri, nati solo sotto le stelle sbagliate. I nostri nazisti non erano cattivi né buoni: erano nazisti, chi più convinto e chi meno. Capisco che possa apparire controverso, ma secondo noi (e anche secondo i giocatori reduci dall'esperienza di giocarli) è stato un grande valore giocare *I ribelli* dal lato di quelli che sono sempre dipinti come cattivi a tutto tondo.

Diverse invece fra i due eventi le filosofie di game design. Della Corte: "Non tutti i personaggi avevano dei segreti. Tutti avevano però uno scopo: una scelta etica da seguire, un debito da saldare, una persona da proteggere, un segreto da custodire. Altri avevano un segreto che solo loro conoscevano, come l'essere ebreo, e il giocatore si trovava in un costante stato di tensione nel dover indossare una maschera che, con la tensione o la paura o il desiderio di trovare fiducia in un amico, poteva rompersi dall'interno all'esterno. Altri avevano un singolo obbligo, qualcosa che dovevano assolutamente fare, ma tale obbligo era in linea col personaggio (custodisci la copia clandestina de *L'Unità*) oppure non viziava il gioco personale (consegna questa lettera a quella donna). Gli obblighi erano spesso lo stratagemma organizzativo per far girare la storia complessiva senza fare uso di organizzatori esterni che si presentavano con un personaggio apposito, se non in casi particolari. Per esempio, conferire a Tizio la busta da dare a Caio e a Caio la volontà di confessarsi a Don Sempronio dopo averla letta, è stato sufficiente a innescare certi meccanismi sociali in modo sottile e non invadente".

Biffi: "I personaggi erano definiti completamente dallo staff, salvo per le zone d'ombra non citate dalla scheda, in cui ciascuno aveva libertà di inserire dettagli o specifiche. Dal punto di vista del design, abbiamo prima delineato i gruppi e poi vi abbiamo inserito i concept dei personaggi. Poi, per la maggior parte di essi, abbiamo cercato di focalizzare la crisi di Fatlandiana memoria, ovvero la grande scelta attorno a cui costruire il personaggio. Va detto che, rispetto ad altri progetti che ho seguito, questa volta siamo stati meno stringenti e non tutti i personaggi avevano effettivamente una forte componente tragica di questo tipo. Per il resto, abbiamo costruito intrecci e legami dandoci un numero minimo di legami forti (parentele, innamoramenti, debiti di vita...) e legami deboli (amicizie, rapporti economici...) per ciascun personaggio. Dal punto di vista dei segreti, qua e là era inserito qualcosa, ma posso dire che l'evento (e quindi la scrittura dei personaggi) non era focalizzato su di essi".

Esperienze reali

Per entrambi i larp il riscontro da parte dei giocatori è stato molto positivo e incentrato sulla possibilità di vivere in prima persona un'esperienza significativa, in grado di dire qualcosa anche a noi contemporanei che non abbiamo vissuto direttamente quel periodo.

Della Corte: "Il feedback è stato unicamente positivo, e di questo siamo molto contenti! Non ci sono state critiche od osservazioni in merito ai contenuti e al modo in cui è stata condotta l'attività. Chi ha partecipato ha portato a casa un'esperienza di gioco sia interiore, relativa alla conduzione del suo personaggio e alle scelte etiche che lo riguardavano, che esperienziale, come imparare il semplice mestiere del pane e della pasta fatta in casa. *La fiera di San Martino* è stato

19

un evento creato per essere conoscitivo, esperienziale e ludico-interpretativo: non abbiamo proposto soluzioni spettacolari, emozioni forti e colpi di scena incredibili, ma solo un singolo istante in cui la normalità si rompe, e da quel momento nulla torna a essere come prima, fino alle estreme conseguenze. Con le sue piccole e incisive dinamiche di gioco, l'evento ha raggiunto i suoi obiettivi, e questo lo hanno percepito tutti i partecipanti, sia quelli più legati a dinamiche di gioco di ruolo tradizionale con chiamate, colpi ed effetti, sia quelli legati a dinamiche più interpretative e intimiste".

Biffi: "I feedback sono stati essenzialmente positivi. Nessuno ha detto 'questo evento mi ha fatto schifo', anche i più schizzinosi hanno mosso solo critiche dopotutto marginali. C'è un intero gruppo Facebook popolatissimo dedicato ai feedback e ai commenti. La cosa che più mi ha toccato sono i resoconti delle scene più belle. I nostri giocatori hanno creato, a quanto raccontano, scene magistrali e, soprattutto, splendidamente calzanti con le tematiche dell'evento. Leggendole ho capito che, dopo tutta la fatica, ce l'avevamo fatta. Difficile dire cosa cambierei, sinceramente. A parte qualche accorgimento tecnico-pratico veramente minore, credo che l'evento sia arrivato dove doveva arrivare. Forse l'unico rimpianto è aver scritto troppo pochi personaggi fascisti tra la gente del posto. È possibile che avrebbe connotato meglio tutta una serie di tematiche".

In conclusione abbiamo chiesto agli organizzatori di questi larp che consigli darebbero a chi volesse progettare un evento analogo.

Della Corte: "Uno, documentarsi e istruirsi il più possibile sugli usi e costumi dell'epoca al fine di non banalizzare i personaggi. Se si vuole usare il larp come strumento ludico intelligente per aiutarsi ad apprendere determinate problematiche sociali, nel simulare un contesto storico come quello del ventennio fascista si deve insegnare cosa significa essere camicie nere, braccianti, borghesi. Due, evitare il "gioco epico" o l'utilizzo di figure sociali eccessivamente potenti, limitandosi a concentrare l'attenzione sulla vita quotidiana dell'epoca, fatta di poche e semplici cose. Tre, gestire la tensione e l'intensità dell'evento limitando al massimo i colpi di scena e i finali inverosimilmente spettacolari o catastrofici. Quattro, focalizzarsi su cosa è stato realmente perduto di quegli anni per trasmetterlo durante l'evento: la disparitaria condizione della donna, il rispetto quasi assoluto per i borghesi che davano il lavoro alle persone, la sensazione che le camicie nere possono fare tutto, senza alcuna possibilità di opposizione, l'emergere delle leggi razziali..."

Biffi: "Se dovessi dare consigli mi concentrerei sull'attenzione alla documentazione e sul ricordare che le 'pieghe sconosciute' della storia sono pienissime di possibilità narrative entusiasmanti. L'attenzione maggiore deve andare nel coniugare focus storico e ludicità: se l'equilibrio si perde, l'evento storico che stai producendo sarà criticabile e difficilmente godibile per tutti".

Ludografia

La fiera di San Martino – 1939. Organizzato da CyberMasters, 29-30 novembre 2014 e 28 febbraio – 1 marzo 2015, San Martino Secchia, Carpi (MO)

I ribelli della montagna. Organizzato da Andrea Capone, Elio Biffi, Aladino Amantini, Andreana Vigone, Annalisa Corbo, Federico Barcella, Matteo Miceli, Mauro Vettoi, Paolo Benedetti, 10-12 luglio e 17-19 lugli 2015, Villaggio delle Stelle, Lusernetta (TO)

L'autore

Lorenzo Trenti è giornalista pubblicista ed esperto di comunicazione. Ha collaborato con siti e riviste del settore ludico ed è stato l'organizzatore del Larp Symposium 2014. Autore di giochi, ha pubblicato le raccolte *Aperitivo con delitto* e *Dopocena da brivido* (Delos Books) e, con Antonello Lotronto, *Murder party. A cena con il morto* (Castelvecchi Ultra).

Indicazioni bibliografiche di questo articolo

Trenti, L. (2015) "Giocare per resistere. Larp e resistenza nel 70° della Liberazione", in Giovannucci, A., Trenti, L. (a cura di), *Larp attack! Esperienze e riflessioni dal mondo dei giochi di ruolo dal vivo*, Roma, Larp Symposium.

Giuliano Tosto

Team building nel post apocalisse

Esiste una fascia della formazione aziendale, quella che aiuta le aziende a potenziare le competenze (soft) lavorative dei propri team, in cui il gioco può essere usato come uno strumento di apprendimento esperienziale e di cambiamento molto efficace: si parla in questi casi di *serious play* (o gioco serio).

È possibile ritrovare applicazioni di *serious play* in ambienti educativi e accademici: ne sono un esempio i *business game* che permettono di simulare la gestione di un'azienda, allenando competenze manageriali (senza incorrere nei rischi finanziari e gestionali che una situazione reale comporterebbe) e capacità di lavorare in gruppo.

Università pioniere nell'utilizzo di sistemi integrati di attività *lecture-based* (lezioni frontali) e *game-based* sono state l'Harvard Business School e Stanford.

L'utilizzo del *serious play* applicato a interventi di team building periodici e sistematici potrebbe risolvere alcune criticità e permettere, nei team di startup, il monitoraggio delle tre variabili organizzative ancora sottovalutate, cioè cultura organizzativa, clima organizzativo e tipologia di organizzazione.

Una forma di *serious play* sicuramente applicabile a un intervento di team building è il roleplay, il cui vantaggio consiste proprio nella possibilità di creare collegamenti metaforici memorabili, grazie ad ambientazioni e scenografie suggestive, tra la storia giocata e la realtà aziendale così come tra il personaggio e il giocatore, nonché di dare continuità alla storia quindi al lavoro di gruppo.

Ciò permette ai partecipanti di avviare un processo di *riflessione sull'azione* e *durante l'azione*, e di analisi della vita aziendale mentre si gioca quella fantastica.

Una sessione di roleplay si compone di quattro fasi fondamentali:

1. **Warming up:** l'obiettivo è quello di "riscaldare per far salire", "decollare", attraverso tecniche usate dal facilitatore per agevolare sia l'ingresso nella situazione che sarà recitata, sia l'assunzione del ruolo da parte dei partecipanti.

2. **Azione e gioco:** durante il gioco il facilitatore può stare in disparte come osservatore oppure intervenire nelle vicende giocate per mediare su determinati comportamenti disfunzionali.

3. **Cooling off:** tecnica opposta al warming up, consiste nel far uscire dai ruoli per riprendere la distanza necessaria per il ritorno al gruppo e l'analisi dell'accaduto. Ciò si realizza lasciando che i giocatori riprendano il loro posto o invitandoli a condividere come si sono sentiti, esprimendo una riflessione sulla comunicazione: si tratta di un secondo livello rispetto alla comunicazione diretta.

4. **Commento e discussione:** è una fase importantissima, in cui si effettua un'analisi in gruppo sul gioco interpretato. In tal modo si favoriscono importanti *insight* in ogni partecipante, permettendo a chi ha recitato di confrontarsi con i diversi vissuti del gruppo (*insight* individuale). Si produce così, nel gruppo intero, una riformulazione del problema (*insight* di gruppo) da cui aveva preso le mosse il roleplay iniziale.

Analisi di un caso: esperimento di roleplay al Working capital Accelerator di Catania

Ho avuto modo di valutare qualitativamente l'efficacia di un intervento di team building non convenzionale utilizzando il *serious play*. Insieme a un team di facilitatori ho coordinato, nell'aprile del 2014, un intervento di team building per un gruppo di 10 persone presso l'acceleratore d'impresa Working Capital di Catania.

Per l'intervento in questione ho utilizzato il roleplay come strumento, con l'obiettivo di far conoscere e lavorare insieme un gruppo di soggetti che avrebbero dovuto formare un team per un progetto.

Per la creazione dell'evento è stato utile servirsi di una griglia che permette di inquadrare gli obiettivi dell'intervento all'interno di una storia da raccontare durante il briefing.

Il punto di partenza è stato la progettazione di un'ambientazione che fosse adattabile al:

1. Target di partecipanti: numero, genere, età

2. Location: acceleratore Wcap

3. Obiettivi dell'intervento: leadership, time management, conflict management, team work, comunicazione

La scelta è ricaduta sull'utilizzo di uno scenario post-apocalittico come sfondo per storia e attività in quanto fortemente collegato a tematiche, preponderanti nei team di startup, come la collaborazione, la comunicazione e la creazione di ruoli all'interno del gruppo per la sopravvivenza.

I 10 partecipanti, dopo una prima fase di briefing in cui è stata raccontata la storia e sono state spiegate le regole del gioco, hanno impersonato dei sopravvissuti a un olocausto nucleare prigionieri di un commando terrorista (impersonato da facilitatori/attori). I partecipanti sono stati così immersi in una serie di vicissitudini per mettere alla prova la loro capacità di collaborare.

Sono stati dapprima suddivisi in 3 sottogruppi, e ciascun membro è stato bendato e legato agli altri per essere condotti dagli aguzzini in una zona fisica dell'acceleratore (appositamente arredato per garantire una totale immersione nell'ambientazione). In ogni stanza è stata predisposta una prova da superare per permettere ai singoli gruppi di incontrarsi di nuovo e decidere come agire.

Una volta superate le prove individuali, il gruppo ha dovuto scegliere come fronteggiare il problema: negoziare con gli aguzzini o tentare la fuga? Subito dopo una chiamata li avrebbe informati della presenza di una bomba a tempo (scenograficamente ricreata tramite una valigetta collegata a un pc portatile dove compariva un timer controllato in remoto). La bomba era stata attivata e l'edificio sarebbe crollato entro 15 minuti: il gruppo quindi ha dovuto ancora una volta fronteggiare l'imprevisto, scegliendo se intraprendere una sorta di caccia al tesoro per ritrovare tutti gli inneschi e disattivarli per prendere possesso dell'edificio, oppure evacuarlo.

L'attività ha avuto una durata complessiva di 5 ore. Al termine, i partecipanti hanno spontaneamente proceduto a un debriefing interattivo dove, guidati dal facilitatore, sono state analizzate tutte le prove e le scelte affrontate in relazione alle situazioni reali che una startup si trova a fronteggiare.

Sono così emerse spontaneamente talune criticità nelle interazioni tra alcuni componenti del gruppo relativamente alla capacità di fidarsi degli altri e allo stile di leadership condotto. Sulla base di questi spunti i partecipanti hanno raggiunto una nuova consapevolezza sulla propria identità di gruppo e riportato questa esperienza di gioco nel lavoro in azienda.

Finita l'attività è stato raccontato l'esito della vicenda per permettere di continuare il gioco da dove era stato lasciato: sono state poste le basi per poter effettuare un secondo intervento di follow-up riprendendo la storia per come si era conclusa nella prima attività. In questo modo si è reso possibile dare continuità una storia scritta dai protagonisti che fa da ponte tra le dinamiche di gruppo che il gioco ha posto in essere e quelle tipiche del lavoro in azienda.

L'effetto formativo ed emozionale è stato elevato. L'utilizzo del larp permette la creazione di attività a cui si può dare continuità tematica, elemento di rilievo nella differenziazione dall'approccio classico al teambuilding.

Bibliografia

Caillois, R., *I giochi e gli uomini. La maschera e la vertigine*, Bompiani, Milano 1981

Di Giorgio, D., Donadoni, M.A., *Keiron: gioco e formazione. Didattica divertente e training efficace*, La Meridiana, Molfetta (BA), 2011

Prampolini M., *Il linguaggio tra tecnica, gioco ed economia*, in De Sanctis Ricciardone, P., (a cura di), *Il potere del debole. Dal gioco al sapere*, Meltemi, Roma 1997

L'autore

Giuliano Tosto (classe 1992) è laureato in Economia Aziendale con una tesi su "Team building e serious play: uno studio delle applicazioni ai team di startup". Lavora in Azimut srl, società di consulenza aziendale nel settore MICE.

Indicazioni bibliografiche di questo articolo

Tosto, G. (2015) "Team building nel post apocalisse", in Giovannucci, A., Trenti, L. (a cura di), *Larp attack! Esperienze e riflessioni dal mondo dei giochi di ruolo dal vivo*, Roma, Larp Symposium.

Mariano Tomatis

Magic Experience Design

Introduzione al materialismo magico

Anthony chiamò il taxi per raggiungere il McManus Café da Union Square. Tradiva un certo nervosismo e si sfogò con il guidatore: «È una serata tremenda. Avevo un appuntamento con una ragazza, ma ho perso il suo numero e il nome del ristorante. La notte scorsa abbiamo parlato in questo bar per più di due ore. Tra di noi è scattato qualcosa. Me ne sono innamorato dal primo momento.» Non ricordando dove fosse l'appuntamento, stava tornando nel luogo dove si erano conosciuti: «Mi ha detto che è un posto che frequenta spesso, quindi andrò là e la aspetterò tutta la notte, magari si farà viva. Non posso credere di essere stato così stupido! Voglio dire, ci siamo *veramente* piaciuti ieri sera. Ha tutto quello che cerco in una donna. È intelligente, divertente... ha una risata meravigliosa... alta, mora. Semplicemente bellissima. Non ho provato niente di così forte per nessuna donna in tutta la mia vita.» Lasciandolo di fronte al bar, il tassista gli augurò buona fortuna. Poi la vettura gialla si allontanò silenziosa.

Mezz'ora più tardi, lo stesso tassista aveva scaricato un cliente all'angolo tra la 16ma e la 5a strada, quando Kate gli fece un segno con la mano. Chiedeva di essere portata in un ristorante sulla 20ma: «Sa, ho un appuntamento lì con un ragazzo che ho conosciuto ieri sera.» Il guidatore le chiese dove si fossero incontrati, e la ragazza indicò un punto vago. «Da queste parti...» Il tassista si voltò di colpo, chiedendo concitato: «Quando? Quando? Quando?»

Ebbene sì. In una città di 7 milioni di abitanti, l'uomo stava vivendo la coincidenza più sorprendente della sua vita: Kate era la donna che Anthony stava aspettando nel posto sbagliato.

«Ti porterò io da quest'uomo!» esclamò l'eccitatissimo guidatore. Quando arrivarono di fronte al bar, il tassista suonò il clacson e lampeggiò i fari verso il giovane. Poi abbassò il finestrino e iniziò a urlare: «L'ho trovata! L'ho trovata! L'ho trovata!» Kate fece appena in tempo a scendere dal taxi, quando Anthony la abbracciò incredulo. All'interno della vettura, il tassista aveva un sorriso che andava da un orecchio all'altro. Acconsentì a farsi fotografare con i due giovani innamorati, e si allontanò con una storia incredibile da raccontare a parenti e amici. In quella notte di mezza estate, il destino lo aveva trasformato in Cupido, facendo di lui l'eroe di una classica commedia romantica newyorchese. Una sola cosa gli sfuggiva. Il destino c'entrava fino a un certo punto. Dietro le quinte, infatti, era in azione un'intera squadra. Impegnata in un'attività sofisticata chiamata *magic experience design*.

Dietro le quinte di un'esperienza magica

La storia accaduta a New York la sera del 29 luglio 2005 coinvolgeva sei persone. Come in una elaborata *candid camera*, solo il tassista era ignaro del complesso lavoro di progettazione dietro le quinte. Oltre ai due "innamorati" erano in azione Charlie, Chris e Susannah. Quest'ultima era rimasta ferma davanti al McManus Café, fingendosi una passante, pronta a scattare una foto nel momento in cui il tassista avesse riunito la coppia. Sul posto c'era anche Chris, che riprendeva la scena da una certa distanza con una videocamera. Charlie era la mente dell'organizzazione e l'elemento centrale della staffetta in cui il tassista era stato coinvolto. Il tutto si era svolto in tre fasi:

- Anthony aveva preso il taxi dal punto A al punto B (il McManus Café), raccontando durante il viaggio la disavventura della sera prima.

- Charlie salì sul taxi al McManus Café, fingendo di non conoscere Anthony. Non disse una parola durante il tragitto da B a C, ma avvertì Kate con un sms che tutto stava andando secondo i piani.

- Al punto C fu Kate a ignorare Charlie e salire sul taxi, chiedendo di essere portata nel punto D (il ristorante). Durante il tragitto l'autista cambiò direzione, puntando il McManus Café e consentendo ai due amanti di ricongiungersi.

Sin da bambino Charlie Todd era stato un tipo scherzoso, ma come gli era venuto in mente di mettere in scena una commedia tanto elaborata? Dietro quello che poteva sembrare un banale scherzo c'era un dettaglio chiave. È Charlie a raccontarlo: «Il termine "scherzo" non mi sembrava il più adeguato per descrivere quello che avevamo fatto. [...] Ci siamo accorti di esserci imbattuti in un'idea inedita: scherzi che non necessitano di una vittima. Era molto facile organizzare una messa in scena che facesse arrabbiare qualcuno. [...] Era una sfida molto più interessante mettere in piedi una situazione che offrisse alle persone un'esperienza positiva – una storia sorprendente che avrebbero potuto raccontare per il resto della loro vita.»

Troppo facile ridere di qualcuno facendogli cadere un secchio d'acqua in testa. La svolta di Todd fu di collocare la classica "vittima" di uno scherzo non più in una situazione spiacevole, ma al centro di un evento in grado di stupirla e scuoterla dal torpore della vita quotidiana. La storia del tassista newyorchese incarna la quintessenza di quella che – prendendo a prestito un'espressione coniata da Ferdinando Buscema – chiamo *magic experience design*: **progettare un'esperienza magica significa dar vita a un evento che offra al suo protagonista un momento di stupore e una storia fuori dall'ordinario da raccontare.**

Ai primordi dell'illusionismo

L'uso di sotterfugi per produrre effetti straordinari, che all'apparenza violano le leggi di natura, è antico quanto l'uomo. Prime ad adoperarli furono figure sciamaniche che facevano da tramite con il mondo degli spiriti. Erano tempi in cui il destino delle comunità umane era in mano a misteriose forze ultraterrene, da compiacere e tenere a bada. Gli sciamani gestivano i riti religiosi, tramandavano i racconti mitologici e curavano le malattie del corpo e dello spirito – riassumendo in sé le doti oggi necessarie per fare il sacerdote, l'uomo di spettacolo, il narratore, il medico e lo psicologo. Ricostruendo alcuni dei loro metodi, lo psichiatra Roger N. Walsh descriveva la figura del "sognatore" – una spia incaricata di raccogliere informazioni su un malato ascoltando le conversazioni private dei suoi conoscenti, per poi riferirle in segreto allo sciamano. Costui, in un secondo momento, poteva riferirle al paziente come se provenissero da una fonte arcana. In altri casi gli sciamani nascondevano in bocca piccoli sassi, che poi fingevano di risucchiare dal corpo di un malato per simulare l'estrazione di un calcolo.

Secondo una lettura cinica di tali dinamiche, l'inganno – e il senso di reverenza per suo tramite evocato – serviva a consolidare il potere di una casta sacerdotale a scapito delle classi più deboli. Tale punto di vista, però, non prende in considerazione l'esistenza di Charlie Todd *ante litteram*, che mettevano a punto scenari fittizi per far vivere esperienze positive, mirando al benessere dei loro protagonisti. In ambito medico, i "trucchi" potevano essere parte integrante di un onesto processo di cura; come ipotizzò Tom Cowan: «Il trucco faceva parte del bagaglio dello sciamano, essendo egli o ella consapevole che spesso la mente deve essere ingannata per curare il corpo. Alcuni sciamani sfruttavano in maniera così estesa i trucchi e le manipolazioni dei prestigiatori da essere fraintesi dagli osservatori occidentali e bollati come semplici ciarlatani. Costoro non coglievano la possibilità che trucchi e illusioni fossero uno strumento per compiere in modo spettacolare, nella realtà ordinaria, le trasformazioni che dovevano occorrere sul piano psicologico o spirituale». Cosa c'era di irrazionale nell'incoraggiare l'effetto placebo, approfittando del proprio carisma da guaritore con la simulazione di una cura?

Attenendosi alle fonti storiche documentate, chi ricostruisce la storia dell'illusionismo spesso parte analizzando le mirabolanti macchine di Erone di Alessandria. Contemporaneo di Gesù Cristo, il matematico greco aveva inventato numerosi meccanismi dal funzionamento meraviglioso. Il più noto, basato su un complesso congegno idraulico, provocava l'apertura automatica delle porte di un tempio accendendo il fuoco su un braciere. Una dimostrazione del genere incoraggiava la fede negli dei: evocati attraverso la fiamma rituale, essi davano segno della loro presenza spalancando l'ingresso del tempio a loro dedicato. La performance aveva certamente risvolti magici, ma i fedeli ne erano coinvolti solo come spettatori passivi. Diverso era il caso della "lecanomanzia", un metodo divinatorio che offriva – a chi vi partecipava – un'esperienza sconcertante. In un calderone di metallo (il *lecano*) si versavano acqua e olio, e dai loro movimenti si traevano indicazioni per il futuro. Nei suoi *Philosophumena* Sant'Ippolito documentò un'elaborata illusione grazie alla quale i sacerdoti facevano apparire l'immagine degli dei nell'acqua. Il pentolone era truccato: il fondo era di vetro, e attraverso un buco nel pavimento si poteva osservare una stanza segreta sotterranea. Accendendo o spegnendo un fuoco, un complice nascosto al piano inferiore poteva attivare o disattivare le visioni. Quando la luce era spenta, l'acqua rifletteva il volto di chi ne osservava la superficie; una volta accesa, il calderone funzionava come un oblò attraverso il quale alcuni attori si mostravano nelle vesti di spiriti e demoni.

"Magic Experience Design" come mitopoiesi indiretta

Scrivendo la Divina Commedia, Dante immaginò l'aldilà e lo descrisse con versi così efficaci da consentirci di "vederlo" con gli occhi della mente – dal cratere infernale all'anfiteatro della Candida Rosa, attraverso la ripida collina del Purgatorio. Il linguaggio e la penna fecero da tramite dalla sua immaginazione alla carta, e ancora oggi – attraverso la lettura – possiamo immergerci idealmente nel mondo che ha minuziosamente arredato. Chi progettò l'esperienza del lecano aveva un problema simile: immaginare l'aspetto dell'aldilà e ricrearne le fattezze. Raccontarlo, però, non bastava: qui bisognava arredare una stanza vera e propria, rivelarne l'aspetto attraverso un sofisticato marchingegno e popolarla di persone truccate da demoni.

Se scegliendo le parole giuste Dante poté descrivere le tre teste di Lucifero di colore rosso, giallo e nero, farle apparire sotto il pentolone avrebbe richiesto un notevole lavoro di make-up sul corpo di chi l'avesse interpretato. Diversi autori documentano questa pratica. Nel II secolo d.C. Luciano di Samosata raccontò della stanza in penombra in cui si poteva incontrare un serpente dalla testa umana che conversava con i presenti; rappresentava il dio Glicone, ed era stato realizzato applicando a un vero rettile una testa di stoffa dalle fattezze umane, che muoveva la bocca come un burattino.

Ricreare in terra porzioni dell'aldilà, per consentire ai fedeli di averne una visione, fu la prima attività di *magic experience design* di cui abbiamo testimonianza scritta. Rispetto alla semplice lettura di una sua descrizione, sperimentare dal vivo l'oltretomba era molto più sconcertante, perché offriva – al testimone dell'esperienza – una storia che avrebbe raccontato in prima persona per tutta la vita.

Tra i due modi di plasmare narrazioni sull'aldilà c'è una differenza cruciale. Dante è al tempo stesso autore della storia e colui che la racconta. È lui a immaginare di raggiungere l'ingresso dell'Inferno attraverso una selva e a raccontarlo nella Commedia. La sua è una mitopoiesi diretta.

L'anonimo che concepisce l'aldilà sotto il lecano non ne racconta in prima persona le caratteristiche ma si serve di un tramite: è la persona che ne fa esperienza a raccontare com'è fatto, avendone avuta una percezione diretta – per quanto mistificatoria. Il processo mitopoietico qui è indiretto, perché mira a far sì che un individuo terzo riferisca una storia nei termini decisi dall'autore. Se il progettista del lecano truccato immagina un Lucifero tricapite, la sua mitopoiesi ha successo se chi ha partecipato al rituale riferisce di aver visto un demone dalle tre teste rossa, gialla e nera.

Materialismo magico

Con l'espressione *magic experience design* propongo un approccio alla magia che prescinde dalla natura profonda – sia essa normale o paranormale – di quello che succede: l'attenzione è tutta rivolta alla storia fuori dall'ordinario raccontata da chi ha vissuto l'esperienza magica. L'atteggiamento è simile a quello che Alan Turing propose con il suo test; invece di giudicare l'intelligenza di una macchina da ciò che avviene all'interno dei suoi circuiti, il test del matematico inglese prescinde dai livelli profondi: è intelligente ciò che, in una conversazione, mostra reazioni indistinguibili da quelle umane. Ignorando la necessità di una fantomatica "scintilla vitale" per certificare l'intelligenza, il test di Turing concede spazio all'ipotesi materialista secondo cui un giorno le macchine potranno pensare.

Il dibattito intorno al paranormale si arena spesso sull'esistenza (o meno) di entità immateriali difficili da rilevare – dal fluido di Mesmer all'aura, dagli spiriti intelligenti al sesto senso. L'espressione "esperienza magica" fornisce una via d'uscita originale dalla classica dicotomia tra sostenitori e critici del paranormale, evitando di fare riferimento alla natura sottostante dell'evento: essa prende in considerazione solo la narrativa che ne emerge; in questo senso, è "magico" ciò è percepito come tale – come per Turing è intelligente ciò che si comporta in modo intelligente.

Accettando (anche solo temporaneamente) questo punto di vista, la magia perde ogni dimensione esoterico/tradizionale e diventa materia democratica, accessibile a chiunque e – in qualche misura – addirittura riproducibile: se è magico ciò che verrà raccontato come tale, lo studio della magia si riduce all'analisi dei meccanismi con cui agisce una mitopoiesi indiretta finalizzata a produrre storie sorprendenti, meravigliose e surreali. Tale obiettivo si può raggiungere con ogni mezzo necessario: accorgimenti tecnici, tecniche psicologiche, sottrazione occulta di informazioni, astuzie matematiche...

Come spiegano tutti i manuali sull'illusionismo, il mago deve manipolare nel presente la percezione di ciò che avviene e agire sui ricordi perché la storia che verrà raccontata si discosti lungo direzioni fantastiche da ciò che è avvenuto davvero. Uno specchio collocato opportunamente maschera una botola e rende impercettibile il trucco che consente alla magia di compiersi. Al termine dell'evento, il mago può ricapitolare quanto è avvenuto omettendo dettagli chiave, introducendo elementi spuri e suggerendo interpretazioni del fatto tali da influenzare il ricordo che si avrà dell'esperienza.

Alcuni illusionisti operano addirittura nel futuro, offrendo ai potenziali spettatori video promozionali realizzati in computer grafica in cui le illusioni sono esagerate rispetto a quanto si vedrà in teatro: in questo modo sfruttano una sorta di *priming*, incidendo anticipatamente sulla percezione di chi li vedrà lavorare in un contesto *live*.

La vita ha molta più immaginazione di noi

Durante l'estate 2013 mi trovavo a Londra nei pressi di Hyde Park Corner. Raggiunti i gabinetti pubblici, mi sono avvicinato a un lavandino. Alzando casualmente lo sguardo, mi sono cercato nello specchio e non mi sono trovato: tutto vi si rifletteva, tranne me. È stata un'esperienza magica del tutto inaspettata, ma nessuno l'aveva concepita su misura per colpirmi. Lo specchio era stato semplicemente rimosso, forse perché danneggiato: ne restava la cornice, a dividere due file di lavandini perfettamente simmetriche – tali da creare l'illusione di un riflesso. Osservato razionalmente lo stanzone, tutto si chiariva: la disposizione degli arredi e la mancanza dello specchio suggerivano per puro caso la presenza di una superficie riflettente. Confermandomi che un'esperienza magica può emergere dal nulla, senza alcun intervento umano; il segreto sta nell'essere sintonizzati per coglierla, confidando – come scriveva François Truffaut – che «la vita ha molta più immaginazione di noi».

Le spontanee anomalie del mondo e le esperienze magiche progettate dagli esseri umani esauriscono l'insieme delle storie che l'umanità da sempre associa alla dimensione della magia e del paranormale? È una domanda a cui forse non potremo mai rispondere in maniera definitiva. Ma se questa inestirpabile incertezza è occupata dal "fantastico", il mondo avrà sempre in serbo per noi una quotidiana dose di incanto.

L'autore

Mariano Tomatis, scrittore e illusionista, è un tecnico dello stupore. Sempre a caccia di storie curiose, crede che il compito del divulgatore coincida con quello del mago: incoraggiare a vivere in uno stato di continua meraviglia. Vive nella città magica di Torino. I suoi volumi sono pubblicati da Rizzoli, Kowalski, Sperling&Kupfer e Mondadori. Con Ferdinando Buscema è autore de *L'arte di stupire. Creare esperienze magiche per emozionare, incantare, sorprendere.*

Articolo apparso originariamente su www.marianotomatis.it e qui ripubblicato per gentile concessione dell'autore.

Indicazioni bibliografiche di questo articolo

Tomatis, M. (2015) "Magic Experience Design", in Giovannucci, A., Trenti, L. (a cura di), *Larp attack! Esperienze e riflessioni dal mondo dei giochi di ruolo dal vivo,* Roma, Larp Symposium.

Kaisa Kangas

Antropologia sperimentale a KoiKoi

Traduzione di Lorenzo Trenti

Molti dei larper interessati alla rievocazione storica hanno familiarità con l'archeologia sperimentale, che tenta di mettere alla prova ipotesi archeologiche, per esempio replicando antichi metodi di produzione. Forse i larp potrebbero aprire una possibilità simile per l'antropologia?

Dall'1 al 5 luglio 2014 ho partecipato a *KoiKoi*, un larp norvegese sui cacciatori-raccoglitori organizzato da Eirik Fatland, Tor Kjetil Edland, Margrethe Raaum, Martin Knutsen, Trine Lise Lindahl, Elin Nilsen e Jørn Slemdal. Per come la vedo io, i temi principali erano i riti di passaggio e le relazioni tra gli individui e la comunità. Per me *KoiKoi* è stato un tentativo giocoso all'antropologia sperimentale.

Abbiamo interpretato una cultura immaginaria nota come gli *ankoi* ("il popolo", nel loro stesso linguaggio). Il gioco si focalizzava sulla cultura. Non aveva importanza che fossimo in un lontano passato, o in una realtà alternativa popolata contemporaneamente da una cultura industrializzata di cui non fossimo a conoscenza. Era sufficiente sapere che attorno a noi c'erano foreste, montagne, fiumi e il mare.

Gli ankoi erano un popolo nomade che si muoveva in famiglie (*fam*) di 10-20 persone, ognuna delle quali aveva un animale totemico. Ogni due anni si radunavano in un luogo sacro chiamato *koi* per una celebrazione rituale di tre giorni chiamata *KoiKoi*. Il gioco avveniva in uno di questi raduni.

La cultura ankoi era un miscuglio di usanze e tradizioni provenienti dai veri cacciatori-raccoglitori. Gli ankoi avevano tre generi: *kvinn* (donna), *mann* (uomo) e *nuk*. Gli ankoi credono che nella donna viva uno spirito di fuoco, nell'uomo uno spirito d'acqua, e che un nuk li abbia entrambi. I bambini sono considerati privi di genere e, quando raggiungono la maturità, devono superare una prova rituale per diventare membri di uno dei generi. Il fratello della madre è considerato il padre dei bambini e ha la responsabilità di nutrirli. I generi sono egualitari ma svolgono ruoli diversi nella comunità.

Sul sito del gioco c'erano materiali sulla cultura ankoi, in forma sia scritta sia di audiolibro. La cultura era descritta in una storia in prima persona in cui un ankoi spiega a un esterno vari elementi: le relazioni famigliari, l'educazione dei bambini, il sistema dei generi, ecc. Il sito includeva inoltre alcune brevi note su questi elementi visti da una prospettiva esterna. L'audiolibro si accompagnava molto bene all'idea di una cultura senza linguaggio scritto: io l'ho interpretato come una registrazione fatta da un antropologo, con la versione scritta rappresentata da una trascrizione e i commenti dall'esterno come annotazione fatte sul campo.

Giocare senza una trama di conflitti

Spesso i larp hanno una trama principale che tocca tutti i personaggi e lega insieme trame minori. *KoiKoi* no, e non c'era nemmeno alcun conflitto maggiore. Nella mia esperienza, larp come questi funzionano di rado e diventano noiosi con facilità. Eppure non è stato questo il caso di *KoiKoi*. Ho provato a capirne le ragioni ma non ci sono riuscita fino in fondo. Probabilmente l'aspetto principale riguarda il fatto che il gioco era strutturato su un paio di rituali maggiori ogni giorno, ma hanno svolto un ruolo altrettanto significativo la cultura interessante, le piccole trame individuali e il piacere di giocare con un buon gruppo.

La tensione nella mia esperienza di gioco ha avuto origine dal fatto che gli ankoi avrebbero lasciato il koi in gruppi diversi da quelli con cui erano arrivati. Io giocavo una *nykvinn* ("nuova donna"), cioè una persona che era appena diventata donna e cercava un amante (o più) con cui accompagnarsi. Mi è sembrato che per la maggior parte di noi che eravamo "nuovi", la scelta dell'amante dipendesse tanto dalla famiglia cui volevamo unirci quanto dall'attrazione sessuale o romantica. Il mio personaggio era in origine nella famiglia dell'orso ed è passata nella famiglia dell'aquila per diventare l'amante di un uomo che le piaceva, ma il motivo principale alla base di questa decisione è che anche il suo fratello più amato sarebbe diventato un'aquila. Questo però significava che si sarebbe lasciata alle spalle altri due affetti, il padre e il migliore amico. Così, quando il koi si è concluso e abbiamo svolto i riti di commiato, ho sparso lacrime e lacrime (piangere è la mia abilità speciale come giocatrice).

Una delle cose da tenere in considerazione nella ristrutturazione delle famiglie è che nessuna di esse doveva diventare troppo piccola per sopravvivere. Nella società ankoi gli individui sono, almeno tecnicamente, liberi di fare ciò che desiderano, ma al tempo stesso la famiglia ha bisogno di ciascuno dei suoi membri, e nessun individuo può sopravvivere senza una famiglia.

Non c'erano leggi o istituzioni e le decisioni venivano prese discutendone con tutta la famiglia. Ogni famiglia aveva una *storkvinn* ("grandonna") e uno *stormann* ("granduomo") che erano più rispettati degli altri, ma l'unico potere che detenevano rispetto agli altri era quello di decidere se accettare nuovi membri nella famiglia.

In un certo senso si potrebbe dire che gli ankoi erano vicini a una società anarchica, e provare a sperimentare questa idea era una delle ragioni per cui mi ero iscritta al gioco. Ma se devo trarre una conclusione da *KoiKoi*, direi che è davvero difficile far funzionare una società su una base egualitaria. Per riuscire in qualcosa del genere, i singoli dovrebbero allenarsi all'idea di non seguire dei leader. Probabilmente è importante avere già in precedenza qualche metodo condiviso per prendere le decisioni. Alcuni di noi hanno carisma e le persone hanno in genere una tendenza naturale a cercare leader da seguire.

Il mio personaggio aveva uno status abbastanza basso nella famiglia dell'orso, in parte perché faceva parte del gruppo dei giovani e in parte a causa del fatto che proveniva in origine da un'altra cultura. Quando ha deciso di passare alla famiglia dell'aquila ha compiuto il rituale apposito assieme alle aquile, prima ancora di discuterne con gli orsi. Questo è avvenuto in parte anche perché non voleva che gli altri cercassero di fermarla dall'andarsene. Tecnicamente non ne avevano il potere, ma avrebbero potuto chiedere alla storkvinn e allo stormann delle aquile di rifiutarla.

Riti di passaggio

Nella visione del mondo degli ankoi, ogni cosa è pervasa da spiriti noti come *kwath*. Per ogni giornata del koikoi erano programmati due eventi importanti. C'era un rituale per ciascun genere (era qui che i ragazzi ormai maturi venivano messi alla prova), un memoriale per chi era morto negli ultimi due anni, un rito di morte in cui qualcuno degli anziani veniva ucciso in forma cerimonale, e così via. Durante i rituali i kwath potevano essere invocati indossando delle maschere. La persona mascherata veniva sopraffatta dal kwath che vive nella maschera; o, come direbbero gli ankoi, era la maschera a indossare la persona.

Prima che il gioco iniziasse ci era stato detto che la magia nel mondo di gioco era reale ma che non c'era alcun sistema magico. Comunque non è accaduto niente che non potesse essere spiegato dalla psicologia. La mia interpretazione è stata che, nel mondo di gioco, la magia era reale esattamente come nel mondo in cui viviamo; d'altro canto penso che, nella maggior parte dei casi, nessuno detenga diritti sulla "verità" del contenuto del larp, e non la voglio presentare come la sola e unica interpretazione possibile.

È stato interessante osservare come la visione magica del mondo influenzava la psicologia dei personaggi e le relazioni sociali. Quando il mio personaggio ha spiegato a suo padre perché aveva deciso di spostarsi alla famiglia dell'aquila invece di portare il suo amante alla famiglia dell'orso, ha dichiarato che erano i kwath a volerlo. Era un modo per dire "mi dispiace ma dev'essere così e tu non puoi fare niente per cambiarlo". Nel momento in cui lo ha detto lo credeva vero. Quando è passata attraverso il *famrit* (il rituale delle famiglie) per diventare un'aquila, sentiva davvero che questo era il desiderio dei kwath aquile.

Di sera, quando non c'erano rituali, abbiamo danzato al battito dei tamburi e ci siamo raccontati storie attorno al fuoco. Entrambi questi passatempi avevano caratteristiche molto rituali. Il confine tra danza e rito era sempre sfumato, mentre la narrazione poteva avvenire cerimonialmente in "tempo kwath" (*kwathtid*) mescolando passato, presente e futuro. Quando le storie erano raccontate in tempo kwath, il narratore poteva diventare un celebrante che assegnava agli ascoltatori i ruoli di alcuni personaggi da interpretare. Questa meccanica trasformava la narrazione in una recitazione partecipata e ha dato vita a un contenuto di gioco ancora più interessante.

Il ruolo del linguaggio

Poiché il linguaggio dà forma al nostro pensiero, era naturale che venisse usato per creare la cultura ankoi. Gli ankoi erano consapevoli dell'esistenza di un unico linguaggio (*språk*), da loro chiamato appunto "linguaggio". C'erano alcune differenze nelle parlate, corrispondenti al norvegese, svedese e danese, ma erano viste tutte come varianti della stessa lingua. Solo chi parlava questa lingua era visto come umano (*ankoi*).

C'erano anche esseri che sembravano persone ma non parlavano il linguaggio; si esprimevano invece con "suoni stranieri" (*fremmede lyder*): questi "stranieri" (*fremmede*) non erano considerati umani. Se togliere la vita a un ankoi non era tollerato, uccidere un fremmede era non solo completamente accettabile ma perfino raccomandabile, e gli ankoi spesso erano in guerra contro gli stranieri. Il mio personaggio in origine era una fremmede, appartenente a una tribù nota come "popolo dell'orso nero", il cui strano linguaggio era modellato sul finlandese.[1] Dopo aver combattuto e fatto pace, gli ankoi e il popolo dell'orso nero si sono

---

1   Nelle lingue nordiche il norvegese, lo svedese e il danese hanno un unico ceppo d'origine e sono abbastanza simili da permettere di capirsi quando ognuno parla nella propria lingua. Il finlandese è di ceppo ugro-finnico ed è invece totalmente diverso e incomprensibile per chi non lo conosce (NdT).

scambiati alcune persone, e così il mio personaggio ha smesso di essere una fremmede ed è divenuta ankoi.

Per i cinque giocatori che parlavano finlandese, me compresa, il linguaggio ha plasmato il gioco in modo unico. Il fatto di non essere sempre in grado di capire le lingue nordiche ha aggiunto intensità e contenuto al gioco. D'altra parte, imparare gradualmente alcune parole norvegesi ed essere in grado di raccontare storie in un misto di svedese e norvegese mi ha fatto sentire più potente. Eravamo diventati ankoi e quindi si supponeva che non avremmo più dovuto usare suoni stranieri; e così parlavamo tra noi in svedese anche quando non c'erano altri presenti. Ma a volte, in segreto, parlavamo finlandese: per chiarirci, per aiutarci reciprocamente col linguaggio, per esprimere le nostre emozioni. Ci sembrava sempre di infrangere un tabù.

Per creare un'atmosfera legata a questa cultura sono state fatte alcune modifiche a come le lingue nordiche venivano parlate. Sono state introdotte nuove parole come ankoi e kwath, mentre altre cose venivano espresse diversamente: fare sesso diventava "avere qualcuno", mentre invece di dire "il ragazzo è diventato uomo" si diceva "il bambino ha cessato di esistere, e ora c'è un uomo". I plurali venivano espressi ripetendo il nome: invece di "conigli", gli ankoi avrebbero detto "coniglioconiglio".

Alcuni di questi elementi hanno certamente aiutato a plasmare i pensieri dei giocatori per adattarsi al modo di pensare degli ankoi. Per esempio la cultura sessuale era molto più casuale e libera della nostra. Ma ho avuto grossi problemi con parte dei cambiamenti linguistici, specie prima del gioco. Per esempio, perché non usare parole scandinave per persone e spiriti?

Nella letteratura relativa agli studi sulle culture vengono usate parecchie parole straniere. Ciò accade perché alcuni concetti specifici di una cultura non hanno una controparte esatta nel linguaggio in cui il testo è scritto, e una traduzione approssimativa porterebbe con sé connotazioni errate. Per persone native della cultura oggetto di studio, comunque, le parole sono termini di uso comune senza alcunché di straniero o esotico. Per questo si potrebbe obiettare che poteva aver senso usare parole scandinave.

Anche per i nativi i concetti sono familiari. Ankoi e kwath non erano nozioni naturali per i giocatori. La parola norvegese per "umani" (menneske) è un termine molto più ampio di ankoi e ha connotazioni diverse, visto che include anche chi parla una lingua differente. Inoltre la parola ankoi è stata usata con forza come elemento di autoidentificazione. Nei rituali veniva gridato ripetutamente per costruire un'appartenenza, un senso del "noi". In un contesto del genere, menneske sarebbe suonato strano.

Kwath è qualcosa di ancora diverso. Come parola non suona nemmeno scandinava. È difficile capire cosa ci sia di sbagliato nella parola norvegese *ånd*. Nelle nuove religioni vengono introdotte parole straniere per costruire una mistica; eppure, nel loro contesto originario, queste parole sono perfettamente ordinarie. L'idea che i musulmani venerino *Allah* suona esotica e orientale finché non ci si rende conto che Allah è semplicemente la parola araba per "Dio", e che anche cristiani che parlano arabo la usano quando si riferiscono a Dio.

Comunque attorno alla parola kwath c'era una certa sacralità che forse non sarebbe stata resa altrettanto bene da *ånd*. Può essere che quest'ultimo termine abbia perso parte del potere che conteneva nei tempi andati. In Finlandia gli orsi venivano visti come creature molto potenti, e la parola *karhu* (orso) non andava pronunciata invano; venivano usati invece diversi eufemismi. Ora però che viviamo in città senza orsi in giro, la parola viene usata senza riguardi. Così, probabilmente, l'uso dell'esotico kwath è giustificato. Sul gruppo Facebook per *KoiKoi*, un giocatore ha detto che forse non era sbagliato che questa parola suonasse strana, visto che gli stessi kwath erano misteriosi e strani.

Costruire un plurale raddoppiando una parola, invece, è qualcosa di molto più difficile da giustificare. Qualcuno potrebbe dire che anche questo serviva a creare atmosfera. Ma quale tipo di atmosfera, esattamente? Non c'è una differenza di potere espressivo tra "conigli" e "coniglioconiglio". In entrambi i casi c'è un singolare e c'è un plurale. Sono solo espressi in modi differenti, ma il linguaggio non cambia significativamente il modo di pensare.

In alcuni linguaggi reali, il plurale viene costruito tramite la ripetizione del nome. Per chi parla queste lingue suona come naturale. Ma quando dici "coniglioconiglio" in norvegese o svedese, suona artificiale, stupido e infantile. Durante il gioco ci si fa l'abitudine e diventa il modo naturale di parlare, ma qual è la motivazione retrostante? A me sembra un modo per indicare che gli ankoi sono una cultura "primitiva". Ma in effetti questo modo di esprimersi non è in alcun modo meno avanzato che declinare "conigli". Il potere espressivo delle parole, come abbiamo detto, è il medesimo.

È facile guardare alle società dei cacciatori-raccoglitori, individuare cose in cui sembriamo più avanzati di loro, e incentrare il gioco su queste ultime. Il problema è che ci sono pure aree di conoscenza che i popoli dell'età della pietra dovevano padroneggiare anche solo per sopravvivere al clima nordico; comunque non possiamo davvero giocare queste cose, visto che sono molto lontane dal campo di esperienza della maggior parte di noi. I popoli nomadi che vivevano nei paesi nordici avevano bisogno di una grande comprensione pratica della natura. A volte penso che la progettazione e la costruzione di certi pezzi di equipaggiamento ritrovati addosso a Ötzi, un cacciatore-raccoglitore morto circa nel 3300 a.C., come le sue scarpe altamente sofisticate, vadano viste come grandi prove d'intelletto, molto più di gran parte della letteratura contemporanea. Il concetto di "primitivo" è stato creato da una cultura industrializzata per imporre una gerarchia culturale.

Considerazioni conclusive

Per me *KoiKoi* è stato un successo come tentativo ludico di antropologia sperimentale, e ho ricevuto molti nuovi pensieri e idee a proposito della cultura. Comunque dovremmo essere cauti: potremmo essere tentati di trarre dal gioco delle conclusioni sui veri cacciatori-raccoglitori. Questo mi ricorda che qualcun altro ha detto di *Brudpris*, un altro larp incentrato su una cultura, che lo ha aiutato a capire come come poteva essere la vita in una società fortemente maschilista. Questa non è che un'illusione. Non impari cose sulle culture realmente esistenti giocando larp a esse ispirate, e questo è ancora più vero se non ci sono membri di queste culture fra gli organizzatori. C'è un solo modo per arrivare davvero a capire una cultura diversa: impari il linguaggio, vai là, vivi la stessa vita.

D'altra parte, l'antropologia non riguarda solo imparare dalle culture straniere. Un antropologo farà confronti e rifletterà anche riguardo la propria cultura. L'antropologia ha il potenziale per rivoltare da capo a piedi le norme che abbiamo imparato a vedere come autoevidenti.

Durante la festa successiva a *KoiKoi* è venuta fuori l'idea che gli aneddoti nella nostra cultura diventerebbero molto più interessanti se venisse adottata la narrazione ritualistica del tempo kwath. Io ho realizzato che nella nostra cultura sarebbe molto utile disporre di un metodo per gestire la perdita della faccia così come ce l'hanno gli ankoi. Oggi come oggi siamo spesso forzati a reprimere sentimenti di umiliazione in contesti sociali.

Anche il sistema a tre generi sviluppato da *KoiKoi* mi ha fatto riflettere sul genere. Io mi identifico come donna, eppure mi sarei sentita a disagio con il concetto ankoi di femminilità, tutto incentrato sulla maternità. Il terzo genere ha aggiunto flessibilità, ma non so se i ruoli su tre generi siano poi molto meglio di due, quando questi ruoli sono comunque prefissati. Nel gioco c'è stata la storia tragica di un ragazzo che ha fallito la prova di virilità, e anche quella di una donna che avrebbe voluto diventare nuk: ma non c'era alcun modo di tornare indietro una volta che il rituale era completato. Ciononostante si potrebbe affermare che il sistema ankoi era comunque più umano del nostro, visto che dopo aver superato la prova rituale il genere di un individuo non veniva mai messo in discussione.

La cultura ankoi non ci permette di trarre conclusioni sui veri cacciatori-raccoglitori. Tuttavia può diventare uno specchio per riflettere la nostra cultura nordica industrializzata del 21° secolo, e già questo è un valore. Qui giace il merito dell'antropologia sperimentale come genere per un larp.

L'autrice

Kaisa Kangas è una larp designer finlandese. Gioca e organizza larp dal 1995. Tra i suoi lavori ci sono il larp palestiniano-finlandese *Halat hisar* e la progettazione di larp educativi per la University of Arts Helsinki.

Pubblicato originariamente all'indirizzo https://veitsenalla.wordpress.com/ 2014/07/13/experimental-anthropology-at-koikoi/ e qui tradotto per gentile concessione dell'autrice.

Indicazioni bibliografiche di questo articolo

Kangas, K. (2015) "Antropologia sperimentale a KoiKoi", in Giovannucci, A., Trenti, L. (a cura di), *Larp attack! Esperienze e riflessioni dal mondo dei giochi di ruolo dal vivo*, Roma, Larp Symposium.

Parte II:
Riflessioni

Maurizio Gasparetti

Larp e modelli di interpretazione

"Va bene, ma praticamente questi matti che fanno?"

Più di una volta mi è capitato di sentirmi fare questa domanda a proposito del gioco di ruolo dal vivo, e sono sicuro che in una situazione simile si siano trovati anche quei giocatori che hanno provato a spiegare cosa facessero ad amici, conoscenti, parenti. Può capitare però che la stessa domanda venga posta in "accademichese": come descrivere l'attività del larp secondo modelli esistenti?

Non sono in grado di dare una risposta esaustiva alla domanda: si può analizzare il larp da moltissime prospettive. Quello che propongo è un piccolo scorcio su alcune caratteristiche del larp attraverso strumenti teorici tratti da quattro autori: uno storico, un matematico, un economista e un sociologo. Altre prospettive disciplinari hanno molto da dire sul gioco e spero che la nostra comprensione possa arricchirsi grazie a un dialogo fra chi si interessa all'argomento.

Prima di iniziare vorrei ringraziare staff e giocatori di GRVItalia e Battle for Vilegis: la prima associazione mi ha accolto nel biennio 2006/2007 per la ricerca di tesi di laurea specialistica, mentre la seconda mi sta ospitando per la ricerca di dottorato. Semplificando molto, e ignorando parecchie differenze, ambedue le associazioni organizzano larp di massa (da un centinaio circa a oltre un migliaio di partecipanti), di più giorni (da almeno due fino a sei), caratterizzati da un'ambientazione genericamente medievale-fantasy con forte continuità fra un evento e l'altro. Il lettore è invitato a tener conto di quale sia l'ambiente di gioco di ruolo che ho seguito in modo da poter misurare la pertinenza delle mie affermazioni per quel che concerne altri tipi di larp.

Il mondo del gioco

Il gioco, come tutti gli argomenti di ricerca, ha vissuto alterne fortune. Tema forte di ricerca sicuramente per psicologi e pedagogisti, lo è stato storicamente anche per le discipline socio-antropologiche: alla fine dell'Ottocento il gioco era un elemento chiave nel dibattito, un caso limite usato dagli studiosi per mettere alla prova e correggere le proprie teorie. Ma fra la fine di quel secolo e l'inizio del successivo il gioco come argomento perse centralità, venendo relegato nell'ambito della non serietà. Questa prospettiva è il bersaglio critico dello storico olandese Johan Huizinga che in *Homo ludens* ribadisce l'importanza del gioco, che egli considera la matrice stessa delle culture e società studiate da sociologi e antropologi.

Riportare al centro dell'attenzione accademica il gioco rese necessario all'autore fornire una definizione di cosa fosse:

> [...] si può, dunque, riassumendo, chiamare il gioco un'azione libera: conscia di non essere presa «sul serio» e situata al di fuori della vita consueta, che non dimeno può impossessarsi completamente del giocatore; azione a cui in sé non è congiunto un interesse materiale, da cui non proviene un vantaggio, che si compie entro un tempo ed uno spazio definiti di proposito, che si svolge con ordine secondo date regole e suscita rapporti sociali che facilmente si circondano di mistero o accentuano mediante travestimento la loro diversità dal mondo solito.[1]

La prima caratteristica positiva del gioco identificata da Huizinga è la *libertà*. Questa libertà è costitutiva anche del gioco di ruolo e può essere intesa in almeno due sensi. In un primo senso è *libertà di accedere o ritirarsi* dal gioco: non siamo obbligati a partecipare a un evento ma possiamo decidere di iscriverci; possiamo uscire dal gioco, definitivamente o per alcuni momenti. In un secondo senso la libertà è *creativa*: in un larp vogliamo partecipare attivamente allo sviluppo dell'evento, intervenendo e influenzandolo, decidendo noi delle azioni del nostro personaggio. Questa libertà non è da considerarsi un dato di fatto ma è frutto di negoziazioni fra tutti i partecipanti all'evento: essere per alcuni minuti in "fuori gioco" può rovinare l'atmosfera ma può anche essere un momento per riprendere fiato e concentrazione.

Huizinga collega la libertà di azione tipica del gioco al suo svilupparsi in uno spazio e in un tempo separati dalla vita quotidiana. Questa *separazione* è tanto metaforica che fisica: un evento si svolge durante periodi ben precisi di tempo, in spazi ben delimitati e segnati, a volte divisi tra zone in gioco e zone fuori gioco, e ciò che succede in gioco non è considerato influire sulla vita reale, è considerato "solo gioco". Il gioco però è anche in grado di *assorbire* completamente chi vi si

---

1   Huizinga, J., *Homo Ludens*, Einaudi, Torino 2002, p. 17

dedichi, comportando il rischio di far crollare le distinzioni tra esso e la realtà e quella tra "non serietà" e serietà. Un esempio, tratto dal larp, dell'importanza che viene assegnata alla capacità di distinguere il mondo di gioco dal mondo reale sono i *reality check*. Questi erano uno strumento umoristico utilizzato nell'associazione GRVItalia alla fine di eventi particolarmente lunghi o intensi, per sanzionare la distanza tra il giocatore e il personaggio e dunque tra la persona e l'attività che essa compie.

> *"Nome?"*
> *"Maurizio"*
> *"Età?"*
> *"Trentatré"*
> *"Punti Ferita?"*
> *"Uno"*
> *"Tu NON hai punti ferita! Reality check fallito."*

Una serie di domande in rapida successione in cui il tema è il giocatore; arriva l'ultima domanda con un cambio implicito di tema, il personaggio. La risposta accetta questo cambio: il reality check è miseramente fallito.

La separazione del gioco dalla realtà è ciò che garantisce che il gioco possa *non essere preso sul serio*, permettendo così azioni che non sarebbero altrimenti tollerabili e avrebbero pesanti ripercussioni se fossero fatte nella vita reale. Due amici possono passare un intero evento a cercare di uccidersi a vicenda senza per questo ledere la loro amicizia. Il furto in gioco, se resta in gioco, non è reato penale. Il fatto che il gioco non sia preso sul serio non vuole assolutamente dire che non sia serio: la separazione dalla vita reale implica anche che due amici agiscano come se si odiassero se i loro personaggi sono acerrimi nemici, e ovviamente nessuno dei due può parlare al cellulare mentre si gioca in un'ambientazione medievale-fantasy, entrambi atteggiamenti che vengono sanzionati se disturbano il gioco altrui.

Il fatto che il gioco abbia dei limiti, e in un certo senso sia in un rapporto di reciproca impermeabilità con la vita reale, ha delle conseguenze importanti. Intanto il gioco ha un carattere *disinteressato*: il suo fine non è il soddisfacimento dei bisogni primari o l'eventuale posta che su esso è giocata. Fine del gioco è il gioco in sé, la soddisfazione che deriva dal giocare. Il gioco tende poi a cristallizzarsi in forme che sono *ripetibili*: il gioco in questo senso crea una struttura che impone un *ordine arbitrario ma assoluto*. Le regole del gioco sono coercitive, non si può giocare che accettandole e assumendo che quelle, e solo quelle, siano le regole veramente significative. Questo significa anche che il gioco vive in una condizione di *sospensione dell'incredulità*, condizione nella quale il giocatore accetta come reale tutto e solo ciò che l'universo del gioco ratifica come tale. Il *carattere coercitivo delle regole* non annulla la libertà, poiché la regola diventa assoluta solo dopo che un giocatore abbia accettato di giocare; le regole non rappresentano quello che il giocatore deve fare ma il limite massimo della sua possibilità d'azione. Per fare un esempio si può prendere la magia: sia il regolamento di GRVItalia che quello di Battle for Vilegis prevedono che esista e come funzioni. Ogni giocatore (non solo i maghi) sa che deve accettarne l'esistenza e deve accettare che gli incantesimi funzionino in quel preciso modo; ciononostante nessun giocatore è costretto a utilizzare magie ed incantesimi. La libertà è anche interpretativa: un mago ubriaco del suo potere non è lo stesso personaggio di un mago che invece teme le proprie facoltà, e ambedue sono differenti dallo scienziato di un mondo steampunk che cerca di capire come funzioni una forza che nel suo mondo non esiste, ma in questo c'è ed è molto efficace. Le regole sono un punto fermo per l'esercizio della creatività.[2]

La condivisione di spazi e tempi separati, durante i quali si vivono delle situazioni speciali spesso con forte impatto emotivo, può favorire la *creazione di legami sociali*. Si tratta di un aspetto importante del larp: gli eventi sono un'occasione per creare nuove relazioni e in alcuni casi il circolo di amicizie coincide con quello dei compagni di gioco. Gli eventi consentono anche di poter finalmente rivedere amici con i quali i contatti sono stati mantenuti solo tramite social network. Ovviamente il larp non è un'utopia di amicizia realizzata: gli eventi di gioco obbligano a incontrarsi e relazionarsi anche con persone non particolarmente gradite. A un livello sovrapersonale, i legami sociali che si creano all'interno dei gruppi e delle associazioni sono riconosciuti sia da chi ne è membro sia da chi non lo è: si creano delle divisioni nette fra associazioni e gruppi che spesso servono anche a mettere in un ordine gerarchico i giocatori, gli stili di gioco, i regolamenti e ogni altro aspetto che venga ritenuto differenziare un noi da un loro.

Lo scambio di informazioni e la costruzione del senso di gioco

Di tipo diverso è l'analisi del gioco che Von Neumann e Morgenstern fanno nel loro *Theory of Games and Economic Behavior*. Matematico il primo ed economista il secondo, propongono un'analisi formale dei giochi di strategia. Come ha evidenziato Prampolini, l'opera di formalizzazione e astrazione che i due autori compiono

---

2   Il concetto di "sospensione dell'incredulità", introdotto da Coleridge, sottolinea proprio la necessità di accettare le regole perché un mondo di finzione possa essere creato. A questo concetto è utile affiancare quello di Tolkien di "immaginazione diegetica", che sottolinea invece la necessaria azione creatrice del giocatore affinché il mondo possa essere vivificato. I due concetti sono complementari, sottolineando due aspetti differenti dello stesso processo creativo.

parte da una famiglia di giochi ristretta e particolare: i giochi tra due giocatori ...
Sono giochi a informazione completa: nei quali i due avversari partecipano sulla
base di regole definite e note a entrambi, così come ad entrambi sono note le funzio-
ni di utilità, vale a dire i reciproci vantaggi che ogni mossa può portare. Sono giochi
a somma zero nei quali, alla fine di una partita, la somma algebrica ... dei guadagni
e delle perdite tra i giocatori è nulla.[3]

La prima distinzione operata dai due autori è quella tra *game* e *play*: il *game* è il sistema astratto di regole che definisce il gioco; ogni qual volta il gioco-*game* venga giocato si ha a che fare con un *play*. Parte del game sono le *mosse* (*moves*) che corrispondono a una serie di alternative con i loro diversi esiti possibili; una di queste viene selezionata e attualizzata tramite una *scelta* (*choice*) eseguita dal giocatore o tramite un meccanismo aleatorio, che rispetti però le condizioni imposte dalle regole del gioco-*game*. La scelta, essendo un caso concreto e messo in atto di selezione tra più alternative, è una parte del *play*. Ulteriori differenziazione viene fatta tra le *regole* (*rules*) e le *strategie* (*strategies*): mentre le prime sono coercitive e sono ciò che definisce il gioco-*game* in quanto tale, le seconde sono delle linee guida per le *scelte*, e come tali indirizzano lo sviluppo del gioco-*play* ma possono essere cambiate, anche abbandonate, senza modificare il gioco-*game*.

Per fare un esempio legato a un larp possiamo immaginare una situazione in cui ai giocatori si presenti la necessità di ottenere delle informazioni. Il gioco-*game* prevede diverse opzioni o *mosse* tra le quali scegliere; per il momento ipotizziamo che queste siano l'uso della tortura, la corruzione o il ricorso a un incantesimo di verità. Supponiamo anche che i giocatori sappiano che l'informatore è incorruttibile e bene in vista in una corte alleata, il che esclude che lo si possa liberamente torturare. Tra tutte queste opzioni i giocatori effettueranno dunque la *scelta* di ricorrere all'incantesimo di verità, il quale è sottoposto a delle *regole* riguardanti sia il modo in cui va utilizzato sia gli effetti che può produrre. Questa scelta sarà fatta in base a una *strategia* tesa a ottenere le informazioni senza creare scompigli diplomatici; in questo i giocatori mostrano che hanno ben presente le funzioni di utilità delle varie scelte.

Nell'esempio i giocatori scelgono in base alle informazioni da loro possedute. Questo ci indica una differenza sostanziale del larp rispetto ai giochi trattati nella *Theory*: le informazioni non sono sempre note o accessibili a tutti. Quando un giocatore deve fare una *scelta* tra varie *mosse*, può conoscere solo alcune delle *scelte* che son state fatte precedentemente. Quella parte di *scelte* già compiute del quale il giocatore è a conoscenza e che può utilizzare nell'elaborazione della strategia è dotata di *preliminarità* (*preliminarity*) rispetto alla *scelta* che farà, mentre la parte di scelte già fatte, che quindi influiscono sui risultati delle scelte successive, ma che sono ignorate dal giocatore, sono dotate di *anteriorità* (*anteriority*).

3   Prampolini M., *Il linguaggio tra tecnica, gioco ed economia*, in De Sanctis Ricciardone, P., (a cura di), *Il potere del debole. Dal gioco al sapere*, Meltemi, Roma 1997.

Torniamo all'esempio precedente: cosa sarebbe successo se i giocatori non avessero saputo del fatto che l'informatore fosse ben in vista in una potente corte straniera? Avrebbero creduto alla loro vittima se, di fronte a una minaccia alla propria incolumità fisica, questi avesse adombrato ritorsioni diplomatiche? Cosa sarebbe potuto accadere se nessuno, neanche il giocatore che lo interpreta, avesse saputo che l'informatore non è corruttibile? Probabilmente i lettori che sono anche giocatori di ruolo si saranno già immaginati diversi sviluppi possibili: questo perché hanno delle informazioni che mancano alle povere vittime del nostro esperimento teorico. La differenza tra *anteriorità* e *preliminarità* è centrale per lo sviluppo drammatico del larp, ma perché sviluppo drammatico ci sia, gli effettivi dati trasmessi devono essere interpretati e deve essere dato loro senso da parte del giocatore, il quale a sua volta deve con le proprie azioni stimolare la propria e altrui immaginazione. Nelle associazioni che ho seguito questa disparità di informazioni note, o disponibili, è strutturata nella differenza tra giocatori e narratori/organizzatori. I due gruppi hanno un potere diverso, e quindi una diversa responsabilità nei confronti dell'altro gruppo, di influire sullo sviluppo della storia: diversa è la capacità di decidere quali siano le conseguenze delle *scelte*, potendo quindi stabilire se e quanto la scelta è stata giusta. Questa disparità si manifesta spesso in quei casi di "deficienza" dei personaggi giocatori, cioè quel fenomeno per il quale quando si gioca si tende a ignorare indizi plateali e non capire collegamenti apparentemente ovvi. Il termine è particolarmente adeguato perché si tratta proprio di una mancanza che è evidente solo agli occhi del narratore, o del giocatore a posteriori, cioè quando si ha un quadro degli eventi più completo rispetto a quello dei giocatori.

Un'ulteriore differenza tra i giochi studiati dalla *Theory* e il larp è che i primi sono giochi competitivi a somma zero, cioè giochi in cui un giocatore vince esattamente nella misura in cui l'altro perde, mentre i secondi possono prevedere situazioni di collaborazione e vittoria condivisa, rientrando nel campo di quelli che vengono definiti giochi a somma variabile. Gli stessi autori della *Theory* risolvono questo problema riducendo i giochi a somma variabile tra n giocatori al caso particolare di giochi a somma zero tra $n+1$ giocatori. Ad esempio i personaggi non giocanti, nel loro ruolo di oppositori dei personaggi giocatori, ricoprono spesso il ruolo di questo "fantasma" che vince o perde in relazione alle azioni dei giocatori, ma con due caratteristiche particolari, a volte compresenti nello stesso personaggio, a volte no. La prima è che spesso i PnG sono fisicamente presenti: è possibile interagire con loro, fosse anche solo per una rapida domanda o un combattimento. La seconda è che per mantenere la verosimiglianza del mondo di gioco, i PnG spesso sono agenti che compiono delle *scelte*, non sono meri contatori dei guadagni e delle perdite dei giocatori. Una piccola nota a riguardo delle associazioni caratterizzate da una forte continuità fra gli eventi: la somma zero non torna perché uno dei meccanismi di base del larp è proprio la creazione di situazioni nuove sulla base delle quali giocare l'evento successivo. La storia che si sviluppa è così incrementabile e incrementata ogni volta.

Stati di informazione

Anche nell'analisi di Goffman, sociologo statunitense, le informazioni note e quelle alle quali si ha accesso hanno importanza: configurano degli *stati di informazione*[4] diversi che rappresentano ciò che si sa e ciò di cui si ha diritto a essere consapevoli. Il "metagame", il "peccato originale" del larp, è una scorrettezza dal punto di vista logico, perché comporta l'accesso da parte del personaggio a uno stato di informazione superiore, quello del giocatore, e morale, perché il giocatore è generalmente tenuto a mantenere i due stati distinti. Per mantenere attiva questa distinzione i giocatori usano quelli che Goffman chiama *canali di attività subordinata*[5] diversi: una metafora per indicare come il flusso informativo venga gestito in modo da differenziare la rilevanza delle informazioni.

Facciamo un esempio: un plot prevede che durante una spedizione un gruppo di giocatori subisca un'imboscata da parte di un gruppo di nani. Il plot è stato tenuto segreto fino all'ultimo ma per motivi di logistica i giocatori si rendono conto dello spostamento dei personaggi non giocanti prima che i loro personaggi possano effettivamente vedere gli avversari. Questo comporta un'immediata riorganizzazione delle retrovie, annullata in seguito a una sanzione verbale di un master. Il primo modo in cui l'informazione da ignorare è trattata è *occultandola*: nell'esempio il plot non è conosciuto dai giocatori e solo un piccolo incidente ha fatto in modo che i giocatori vedessero i gli interpreti degli avversari. Il secondo modo di trattare le informazioni non pertinenti è *ignorandole*: nel mio esempio questo non avviene e i personaggi riorganizzano la retrovia quando i giocatori vedono gli avversari. Ciononostante nessun giocatore ha protestato per quel nano alto centonovanta centimetri, una caratteristica che mina la coerenza del mondo immaginario: l'importanza che gli elementi da ignorare hanno non è sempre la stessa e non è necessariamente uguale per tutte le persone. Esiste un terzo modo di trattare le informazioni: *segnalare* in modo implicito cose delle quali il giocatore deve tener conto. Se riprendiamo l'esempio e immaginiamo il combattimento che segue all'imboscata, possiamo ipotizzare che i colpi non siano tirati con forza: un colpo dato piano è un *meta-messaggio*, cioè un'azione che fa parte del gioco stesso (perché i personaggi si trovano in un effettivo combattimento) ma che comunica implicitamente qualcosa anche al giocatore (nessuna aggressione reale è intesa, il combattimento resta solo un gioco). Questo tipo di scambio è fondamentale per mantenere fluido il gioco: gridare a squarciagola di qualcosa "È solo un gioco!" ha effetti disastrosi sulla sospensione dell'incredulità. Molto meglio continuare a giocare.

---

4   Goffman, E., *Frame Analysis*, Penguin Book, Harmondsworth 1975, p. 134
5   *Ibidem*, p. 202

Bibliografia

De Sanctis Ricciardone, P., (a cura di), *Il potere del debole. Dal gioco al sapere*, Meltemi, Roma 1997

Goffman, E., *Frame Analysis*, Penguin Book, Harmondsworth 1975

Huizinga, J., *Homo Ludens*, Einaudi, Torino 2002

Prampolini M., *Il linguaggio tra tecnica, gioco ed economia*, in De Sanctis Ricciardone, P., (a cura di), *Il potere del debole. Dal gioco al sapere*, Meltemi, Roma 1997.

Von Neumann, J., Morgenstern, O., *Una descrizione formale e generale dei giochi di strategia (1944)*, in De Sanctis Ricciardone, P., (a cura di), *Il potere del debole. Dal gioco al sapere*, Meltemi, Roma 1997.

L'autore

Maurizio Gasparetti si è laureato nel 2010 in etno-antropologia. Al momento prosegue la sua formazione con un dottorato in antropologia. Tema della sua ricerca è il mondo del gioco di ruolo dal vivo. Ama bere con gli amici, chiacchierare e il gioco di ruolo cartaceo. Ama un po' meno il suo lavoro al call center ma è quello che gli permette di comprarsi libri e articoli e di pagari gli eventi.

Indicazioni bibliografiche di questo articolo

Gasparetti, M. (2015) "Larp e modelli di interpretazione", in Giovannucci, A., Trenti, L. (a cura di), *Larp attack! Esperienze e riflessioni dal mondo dei giochi di ruolo dal vivo*, Roma, Larp Symposium.

Andrea Giovannucci

Per una storia delle contaminazioni dei linguaggi ludici. Il larp nei mondi digitali

Nel vastissimo mondo del gioco digitale, recentemente con sempre maggiore frequenza, troviamo videogame progettati per espandere i propri confini ludici oltre lo schermo dietro cui siamo abituati a vederli e a fruirli. Il caso più macroscopico e recente, come ha messo in luce Tanya Krzywinska nei suoi studi, è il MMORPG *The Secret World* (2012, sviluppato da *Funcom* e pubblicato da *Funcom* ed *Electronic Arts*) in cui i videogiocatori sono chiamati a interagire con il mondo fisico per superare determinate *quest* e raggiungere alcuni obiettivi.

Generalmente siamo abituati a pensare i giochi digitali come linguaggi confinati dentro una cornice di riferimento piuttosto ridotta e grande esattamente quanto il monitor di cui disponiamo. All'interno della cornice-monitor il mondo di gioco è perfettamente rappresentato sia che si tratti di giochi retrò a 8 bit sia che si tratti dell'ultimo sparatutto con motore grafico all'avanguardia. Il videogame è tradizionalmente rinchiuso all'interno di questo spazio. La realtà virtuale ha tentato e sta tentando di esportare il gioco digitale verso un contesto più vasto per allargare i confini dell'esperienza videoludica anche se il grande pubblico non sempre dimostra interesse per progetti che vanno in questa direzione. In effetti questi modelli di virtualizzazione tendono ad ampliare la cornice di riferimento (il monitor) e non a spezzarla o a reinterpretarla. Gli *Oculus Rift* per esempio promettono esperienze virtuali a 360 gradi a prezzi accettabili per l'utenza media, ma alcuni addetti al settore sono scettici sul vero impatto che essi possano portare sull'esperienza di gioco.[1] La sensazione in realtà è che questi "nuovi" strumenti di virtualizzazione siano esclusivamente dei potenti *controller*, delle interfacce, che ridefiniscono il rapporto tra utente e macchina ma che non rimettono in discussione la struttura del videogioco (o almeno non nell'immediato).

Mentre gli ingegneri dunque si occupano di cambiare il modo attraverso cui interagiamo con l'hardware, progettando nuove interfacce, alcuni game designer stanno cercando di portare il gioco digitale in un contesto reale. È il caso per esempio di *Ingress* (2013), gioco sviluppato da Google e pensato specificamente per il mondo *mobile* in cui alla realtà 1 (quella in cui viviamo) viene sovrapposta una realtà 2 (visibile solo attraverso l'app del gioco) e in cui due fazioni si contendono la conquista del mondo virtuale spostandosi realmente nello spazio e reclamando i punti di maggiore interesse su tutto il globo. I giochi legati alla geo-referenziazione come *Ingress* ricontestualizzano il mondo reale e rientrano nella categoria degli ARG (Augmented Reality Games), e negli ultimi anni, grazie anche alla diffusione di smartphone e tablet, stanno conoscendo un notevole sviluppo.

Mentre da un lato i videogame stanno cercando, con diversi approcci, di allargare o rompere il loro storico frame di riferimento per entrare nel mondo reale, dall'estremo opposto alcuni larp stanno cercando nuovi spazi di gioco all'interno dei contesti digitali.

Nel larp i giocatori sono già situati in un contesto di realtà o meglio di semi-realtà e dunque, in un certo senso, essi si trovano già al di là dello schermo. Nel gioco di ruolo dal vivo infatti i fattori legati per esempio agli aspetti biologici delle persone e degli animali, ma anche alla percezione delle leggi della fisica e via dicendo, convivono con gli aspetti immaginari (l'ambientazione di gioco, ecc.). Inoltre l'esperienza del larp si è sempre basata sulla presenza fisica degli giocatori, sulla loro possibilità di interazione in presenza. Questi aspetti sono sempre stati ritenuti da più parti fondativi dell'esperienza di questa particolare forma ludica. Non a caso nelle definizioni più attestate e accreditate di larp troviamo sempre riferimenti all'interazione e all'incontro:

---

1   Tra i vari segnalo specialmente Adrian Chmielarz, il creatore di Ethan Carter e altri videogames che in un'intervista a *Eurogamer* si dimostrava molto scettico sull'impatto che la realtà virtuale possa avere nell'ambito ludico, cfr. *Il creatore di Ethan Carter: "Non so se la VR avrà successo"* consultato on line all'indirizzo: http://www.oculusriftitalia.com/2015/06/03/il-creatore-di-ethan-carter-non-so-se-la-vr-avra-successo/.

Il role-playing è immedesimazione (eläytyminen) in una coscienza esterna (un personaggio) e interazione con ciò che la circonda.
Immersion (eläytyminen) to an outside consciousness ("a character") and interacting with its surroundings.[2]

Manifesto della scuola di Turku, Finlandia

Un incontro tra giocatori che, attraverso i loro personaggi, si relazionano l'un l'altro in un mondo fittizio.
A meeting between players who, through their characters, relate to each other in a fictional world.[3]

Manifesto Dogma 99, Norvegia

Nel gioco di ruolo dal vivo ogni giocatore interpreta un personaggio e interagisce con gli altri giocatori e con il contesto di gioco contribuendo a fare emergere una narrazione plurale le cui prospettive sono moltiplicate dalle esperienze individuali e dai diversi punti di vista. Se si ponesse una telecamera addosso a ognuno dei partecipanti a un evento larp, al termine disporremmo di tanti "film" diversi quanti sono i partecipanti. La narrazione è soggettiva e, almeno parzialmente, fuori dal controllo dei produttori. È proprio dal convergere dei diversi punti di vista che emerge un evento larp. Inoltre l'assenza di pubblico garantisce che l'esperienza abbia valore in sé e per sé e svincola, almeno apparentemente, il larp dalle arti performative e il giocatore dal ruolo di attore/performer.

Si è spesso ritenuto, e così in effetti è stato per un lungo lasso di tempo, che una delle caratteristiche fondamentali del gioco di ruolo dal vivo fosse la presenza fisica del giocatore all'interno del contesto di gioco nel momento specifico in cui la sessione si svolge. Ovvero che uno dei caratteri fondativi, forse il più importante e sicuramente il più macroscopico, del larp fosse la sua natura *live*, aspetto che ha portato alcuni studiosi ad assimilare questa forma agli happening degli anni Sessanta.[4]

Sebbene il gioco di ruolo dal vivo abbia conservato a lungo le sue caratteristiche strutturali e formali originarie, intorno alla fine degli anni '90 (e specialmente in Europa) ha cominciato ad affacciarsi tra giocatori e game designer una nuova consapevolezza del suo valore espressivo, della sua capacità di veicolare contenuti strutturati e complessi che ha portato e sta portando a cercare progettazioni origi-

2   Pohjola, M., *La scuola di Turku*, in: A., Castellani (a cura di), *Larp Graffiti*, Ed. Lulu, 2010.
3   Fatland E., Wingård, L., *Dogma 99. Un programma per la liberazione del larp*, in Castellani, A., (a cura di), *Larp Graffiti*, Ed. Lulu, 2010.
4   Harviainen, J. T., *A Brief Introduction to Larp as an Art Form*, in Castellani A., (a cura di), *Larp Graffiti*, Ed. Lulu, 2010.

nali sia da un punto di vista narrativo, soprattutto riguardo la scelta di nuove tematiche e ambientazioni, sia da un punto di vista delle meccaniche di gioco.

Questa ricerca, che è sia formale che sostanziale, ha avuto anche momenti di discussione e di elaborazione teorica nelle comunità e negli incontri pubblici tra le diverse realtà che si occupano di larp (Knutpunkt, GNiales, Larp Symposium, ecc.) e sta portando oggi all'emergere di forme ludiche ibride che si propongono sia come continuità di una tradizione oramai trentennale sia come nuova prospettiva in grado di suggerire nuovi sviluppi.

In quest'ottica il mondo digitale rappresenta un'occasione in grado di proporre strumenti nuovi per la progettazione di eventi larp. Se il *frame* di riferimento dei videogame è, come già detto, il limite fisico del monitor, nel larp esso è più esteso; non è raro trovare luoghi di gioco che occupano centinaia o migliaia di metri quadri e al cui interno possono trovarsi diverse strutture e/o contesti (case, boschi, laghi, castelli, accampamenti, ecc.). In realtà il *frame* di riferimento nel larp è assimilabile più a una sfera che a una cornice. Tutto quello che si trova all'interno di quest'area è parte del gioco (ovvero tutto ciò che si trova al suo interno è ricontestualizzato secondo le regole del gioco); tutto ciò che ne è fuori rappresenta invece i limiti del gioco. Il giocatore stesso è nella condizione di essere incluso in questa sfera.

Molti game designer che si occupano di larp sono alla costante ricerca di nuovi spazi da "colonizzare", luoghi che possano espandere la sfera di gioco in contesti nuovi e più ampi. Non è un caso che, man mano che la scena larp diventa più conscia delle possibilità espressive e ludiche di questa forma e si allontana progressivamente dal suo retaggio fantasy esplorando diverse possibilità, nuove tecnologie vengano *hackate* per essere utilizzate nel contesto di gioco. In questo modo, nuovi spazi virtuali si aprono ai game designer e ai giocatori.[5]

Molti larp hanno tentato e stanno tentando di conquistare questi nuovi luoghi virtuali, anche se alle volte è necessario prima "inventarli", definirli e realizzarli tecnicamente per poi riuscire a maneggiarli. Questa ibridazione riguarda specialmente i media digitali e alcune modalità di interazione online che cominciano a essere oggetto di gioco dei larper come strumento narrativo e/o come media espressivo. Sono già stati realizzati diversi eventi larp che tentano di mettere in pratica questa commistione tra virtuale digitale e virtuale analogico; uno degli esperimenti più precoci in questo ambito è stato un gioco italiano: *Pathos*.[6]

---

5   Dalstal, E., *Sharpening Knives: Integrating Phone Use in Larp Design*, in: Back, J., (a cura di), *The Cutting Edge of Nordic Larp*, Knutpunkt, 2014.
6   *Pathos* nacque da una idea di Luca Giuliano e Pier Maria Maraziti, per un'analisi completa del gioco cfr. Trenti, L., *Pathos. Dreams of a future past*, in Pettersson, J., (a cura di), *States of play. Nordic larp around the world*, Pohjoismaisen roolipelaamisen seura, Solmukohta 2012. Il sito di *Pathos* è consultabile online all'indirizzo: http://www.pathos.it/.

In *Pathos* (1997), che è stato tra i primi *pervasive game* e ARG mai realizzati e che è durato nella sua prima fase circa tre anni, i giocatori interagivano tra di loro tramite una mailing list in cui ricontestualizzavano le notizie del mondo reale alla luce di una presunta cospirazione planetaria di cui tutti (eccetto i giocatori) erano all'oscuro. Il gioco si svolgeva proprio sul confine tra reale e immaginario, e presto cominciarono a sorgere sul web siti creati dai giocatori stessi che contribuivano all'operazione di mistificazione ludica che Pathos metteva in atto. Nel *continuum* della narrazione offerta dalla mailing list, che rappresentava il cuore del gioco, venivano inseriti eventi dal vivo sulla forma tipica dei larp in occasione specialmente di reali convention di giochi come *Lucca Comics & Games*. *Pathos* in grande anticipo sui tempi utilizzava la tecnologia di cui si disponeva all'epoca per comunicare e formare una grande narrazione condivisa, frammentata e ricomposta, non dissimilmente da quanto in tempi successivi faranno alcuni interessanti collettivi di scrittura italiani come i Wu Ming, i Kai Zen e altri. Il mondo di gioco inoltre veniva costantemente ampliato tramite la creazione dei falsi siti realizzati dai giocatori con l'effetto di allargare la sfera di riferimento fino ai margini del World Wide Web.

Le interazioni tra linguaggi digitali e larp però non sono limitate alle possibilità offerte dalla rete. Anche gli oggetti digitali hanno rappresentato e sempre più rappresentano una nuova frontiera del game design applicato al larp. In *Carolus Rex*[7] per esempio il gioco si svolgeva in un sottomarino della marina russa in disuso che rappresentava una nave spaziale all'interno di un'ambientazione retrofuturistica. L'astronave veniva comandata dall'equipaggio attraverso un terminale che imitava un'intelligenza artificiale e un computer con monitor a quarzi verdi era l'interfaccia che gli esseri umani dovevano utilizzare per comunicare con il "cervello" della nave. Naturalmente dietro lo schermo si celavano i master che "chattavano" con i giocatori tramite una piattaforma programmata in *basic* ricevendo gli ordini di volo per poi fare avvenire in gioco, tramite suoni, luci e altro, tutto ciò che gli ufficiali avevano stabilito. Ancora una volta la tecnologia digitale in *Carolus Rex* offre il potenziale per allargare la sfera di gioco facendo intuire ai giocatori l'esistenza di qualcosa che si situa oltre il campo visivo e fornisce un oggetto di interazione ludica ad alto contenuto simbolico. Quello dell'intelligenza artificiale infatti è un *topos* fondamentale della letteratura fantascientifica, così come lo sono i computer di bordo di ogni astronave del cinema, dei fumetti, ecc. Senza l'utilizzo di questi stilemi è molto difficile ottenere quella sospensione dell'incredulità che è una caratteristica fondamentale degli eventi larp (specialmente di quelli *immersionisti*).

In *Steeds*[8] i giocatori venivano uniti a coppie di modo che uno dei due interpretasse il "cavallo" (uno strano tipo di androide imperfetto), mentre l'altro prendeva

---

7   *Carolus Rex* è stato ideato e realizzato in Svezia nel 1999 da M. Ericsson, K. Muammar (http://www.alternaliv.se/). Cfr. Stenros, J., Montola, M., *Nordic Larp*, Fëa Livia, Tampere 2010.

il ruolo del cavaliere (colui che dirigeva l'androide). Il gioco era ambientato in un futuro remoto in cui alcuni droidi venivano utilizzati per rischiose attività di salvataggio. Questi robot però erano privi della vista e dell'udito, mentre i "cavalieri" potevano, tramite un sistema di videocamere, guardare attraverso i loro occhi e parlare alle loro orecchie. Gli androidi quindi dovevano essere guidati tramite la voce del proprio "cavaliere" nella risoluzione dei problemi che si frapponevano al salvataggio. Attraverso la tecnologia i sensi dei giocatori venivano spartiti tra le coppie di giocatori in modo da fornire una sorta di esperienza mutilata da una parte (il "cavallo" non vede, non sente e può ascoltare solo il proprio cavaliere) e dall'altra (il "cavaliere" vede solo ciò che il "cavallo" mostra, e inoltre non ha olfatto né tatto). Questo larp sperimentale della durata di un'ora circa metteva i giocatori nelle condizioni di sperimentare un linguaggio complesso che esplora i limiti della comunicazione digitale, specialmente di quella contemporanea sempre più esposta alla mutilazione sensoriale. Inoltre la visuale del "cavaliere" che osserva in prima persona il "cavallo" eseguire gli ordini che vengono impartiti somiglia a un grottesco *first person shooter* in cui gli attori escono dal videogioco per entrare in una sfera decisamente più reale. Si innesca così quasi un cortocircuito tra generi ludici in cui il larp attraverso i media tecnologici (le videocamere, i microfoni e tutti gli apparecchi necessari a giocare *Steeds*) passa "oltre lo specchio" per diventare immagine di un altro linguaggio ludico (quello degli FPS per l'appunto).

In *Nuova Atlantide*,[9] un larp con ambientazione post-apocalittica, prima della fase di gioco in presenza fisica gli organizzatori hanno realizzato una piattaforma online ad accesso libero in cui venivano vissute le ultime fasi della civiltà prima della catastrofe che portava il mondo al declino. Il sito, realizzato come un verosimile sito di controinformazione e dotato di una webradio che trasmetteva costantemente informazioni, documenti e musica, forniva ai giocatori lo strumento per interagire da casa nel ruolo dei propri personaggi. Ogni giorno una nuova edizione di un radiogiornale forniva informazioni sul degenerare della situazione mondiale e chiamava i giocatori a fornire testimonianze di quanto stava accadendo nella loro zona in modo da ricostruire il quadro degli eventi. I giocatori in questo modo erano chiamati a contribuire alla formazione dell'immaginario di gioco e alla definizione dell'ambientazione. Ognuno poteva partecipare a questa scrittura collettiva tramite il forum e la chat, ma anche registrando degli audio

8   *Steeds* è un gioco ideato e realizzato da Aaron Vanek nel 2010 negli Stati Uniti. Cfr. Vanek, A., *Give me your hands, I will be your eyes* in: Pettersson, J., (a cura di), *States of play. Nordic larp around the world*, Pohjoismaisen roolipelaamisen seura, Solmukohta 2012. Il sito dell'ideatore è consultabile all'indirizzo http://aaronvanek.com/.

9   Nuova Atlantide è un larp ideato e realizzato dalla Chaos League nel 2014 in Italia. Cfr. Mannella, L., *Ho vissuto per quattro giorni alla fine del mondo, senz'acqua (o quasi)* consultato online all'indirizzo: http://motherboard.vice.com/it/read/ho-vissuto-per-quattro-giorni-alla-fine-del-mondo, e Amantini, A., *Free Water*, online all'indirizzo: http://www.grv.it/rubriche/item/314-freewater.html. Il sito della Chaos League è consultabile all'indirizzo http://www.chaosleague.org/2014/.

messaggi che venivano poi messi in onda dalla stessa webradio. In questo modo la sfera di gioco veniva stabilita dagli stessi partecipanti e assumeva una rilevanza maggiore perché erano loro stessi a definire cosa stesse succedendo. Quasi cento-cinquanta persone hanno contribuito a portare la propria testimonianza degli ultimi giorni del pianeta terra contribuendo a formare un immaginario solido, espanso e decisamente "reale" proprio perché frutto della moltiplicazione dei diversi punti di vista sullo stesso fenomeno. Al termine di questa fase di gioco online della durata di 10 giorni, i giocatori entravano nella fase di gioco larp spostandosi nella location e agendo i propri personaggi dal vivo, avendo la possibilità di muoversi in un mondo che avevano contribuito a creare e a narrare. In *Nuova Atlantide* le tecnologie digitali permettevano di sviluppare una storia multi-autoriale che definisse la sfera di gioco e che stabilisse allo stesso tempo la rete relazionale che legava i giocatori gli uni agli altri.

Conclusioni

Giochi digitali e larp partono da posizioni in parte antonimiche. Per i primi la presenza fisica sembra pressoché irrilevante, fatta eccezione per le parti del corpo che vengono interessate dalle interfacce, per i secondi invece l'aspetto *live* e la presenza appaiono fondamentali. Nella realtà dei fatti però le cose sono decisamente più sfumate e le tendenze dei game designer sia di larp che di videogame confermano questa sensazione. Sempre più i giochi digitali stanno cercando nuovi canali per uscire dai monitor ed entrare nel vissuto vero, nella realtà; allo stesso tempo i giochi di ruolo dal vivo, affamati di nuovi spazi, cominciano la conquista dello spazio digitale. Potrebbe esistere un luogo (o un gioco...) in cui le due direttrici si incontrano? È possibile che le due prospettive di sviluppo stiano procedendo verso uno stesso punto d'arrivo da cui potrebbe emergere una nuova tipologia di giochi? Non è possibile rispondere a quesiti così complessi senza correre il rischio di commettere errori di valutazione. Quello che invece possiamo rilevare sono le spinte che animano i creatori di giochi e le tracce che i giochi lasciano sul terreno sotto forma di documentazione o esperienza. La sensazione è che entrambi i linguaggi ludici possano fornire nuove soluzioni ludiche che nascono specialmente dall'ibridazione di questi giochi. Così mentre il larp contribuisce ad *hackare* il linguaggio digitale ricontestualizzando delle tecnologie specificamente orientate verso nuove e inattese applicazioni (come nei larp cui si è brevemente accennato) e spinge il linguaggio digitale verso i propri limiti, esplorandone le convenzioni e le interazioni e fornendo loro un contesto fisico, parallelamente i linguaggi digitali rafforzano le esperienze larp con nuovi oggetti di gioco interattivi espandendo il contesto ludico oltre i suoi consueti limiti e portando alla luce aspetti e luoghi mai esplorati in precedenza.

Bibliografia

Amantini, A., 2014, *Free Water*, online all'indirizzo: http://www.grv.it/rubriche/item/314-freewater

Back J., (a cura di), *The Cutting Edge of Nordic Larp*, Knutpunkt 2014

Castellani, A., (a cura di), *Larp Graffiti*, Ed. Lulu, 2010

De Sanctis Ricciardone, P., *Antropologia e gioco*, Liguori, Napoli 1994

Ferri, G., Trenti, L., (a cura di), *Il larp in realtà*, Larp Symposium, Bologna 2014

Giuliano, L., (a cura di), *Il Teatro della Mente. Giochi di ruolo e narrazione ipertestuale*, Guerini e Associati, Milano 2006

Harviainen, J. T., *Kaprow's Scions*, in: Montola M. e Stenros J., (a cura di) *Playground Worlds. Creating and Evaluating Experiences of Role-Playing Games*, Helsinki 2008

Mannella, L., *Ho vissuto per quattro giorni alla fine del mondo, senz'acqua (o quasi)* online all'indirizzo: http://motherboard.vice.com/it/read/ho-vissuto-per-quattro-giorni-alla-fine-del-mondo, 2014

Mc Gonigal, J., *La realtà in gioco*, Apogeo, Milano 2011

"Non so se la VR avrà successo" consultato on line il 28/6/15 all'indirizzo: http://www.oculusriftitalia.com/2015/06/03/il-creatore-di-ethan-carter-non-so-se-la-vr-avra-successo/

Pettersson, J., (a cura di), *States of play. Nordic larp around the world*, Pohjois-maisen roolipelaamisen seura, Solmukohta 2012

Pohjola, M., *Scuola di Farina. Sviluppare una metodologia attraverso otto live sperimentali*, in: Castellani A., (a cura di), *Ragionando di larp*, Larp symposium, Milano 2012,

Stenros, J., Montola, M., *Nordic Larp*, Fëa Livia, Tampere 2010

Ludografia

Carolus Rex (http://www.alternaliv.se)

Nuova Atlantide (http://www.atlantide.mobi / http://www.chaosleague.org)

Pathos (http://www.pathos.it)

Steeds (http://aaronvanek.com)

L'autore

Andrea Giovannucci (Pescara, 1977) laureato con una tesi sulla storia del larp in Italia con il massimo dei voti, ha ottenuto il dottorato in storia con una tesi su gioco e società nel XIX secolo ed è assegnista di ricerca presso l'Università di Bologna. Nel 1992 è tra i fondatori della Chaos League, storica associazione di eventi di gioco di ruolo dal vivo tuttora attiva. Ha scritto e organizzato decine di eventi larp ed è stato organizzatore responsabile per diverse edizioni della manifestazione ludica pescarese *I...Ludiamoci*. Ha partecipato a incontri e conferenze sul tema del gioco ed è autore di una monografia e di diversi saggi sulle problematiche del gioco tra cui: *Dal Kriegsspiel ad Advanced Dungeons & Dragons* (2008); *Un drago in Vietnam. Un approccio storico al gioco di ruolo* (2011); *Storicità, tempo e spazio nei giochi di ruolo dal vivo* (2012); *Tra gioco, storia e narrazione mitica* (2013); *Il gioco e la storia: la curiosa vicenda di Tossignano* (2014); *Il gioco della realtà* (2014), *La città e l'azzardo* (2014).

Indicazioni bibliografiche di questo articolo

Giovannucci, A. (2015) "Per una storia delle contaminazioni dei linguaggi ludici. Il larp nei mondi digitali", in Giovannucci, A., Trenti, L. (a cura di), *Larp attack! Esperienze e riflessioni dal mondo dei giochi di ruolo dal vivo*, Roma, Larp Symposium.

Margherita Masetti

Narrazione e gioco: un legame indissolubile

A partire dagli anni Sessanta del Novecento si è avuta un'analisi approfondita sia della struttura che del significato della *narrazione* e, contemporaneamente, del suo valore e della sua funzione: la psicologia e la sociologia ne hanno messo in luce il ruolo *cognitivo* e *comunicativo* essenziale, mentre la pedagogia ha assegnato a essa il ruolo di *paradigma-chiave del processo formativo* (consegnandolo alla scuola come principio cardine per la costruzione sia dei saperi che della personalità degli allievi). La formazione attraverso la narrazione si scandisce tra *mente* ed *etica*.

Per quanto riguarda la *formazione della mente,*

> "*la narrazione introduce a e avvia il processo razionale. È una prima forma di spiegazione: connette, dà ordine, subordina, ecc. applicando, così, il principio di cau- sa e la prospettiva della contestualizzazione che implica la logica dell'inferenza [...] L'uso educativo del narrare conduce direttamente a una prima formazione della mente in senso cognitivo, legandola al paradigma esplicativo, sia pure in nuce e at- tuato per via simbolica.*
> *Poi il narrare nutre proprio l'attività simbolica della mente, il suo bisogno di fis- sare – appunto – simboli o figure che agiscono come depositi e orientatori di senso [...] E ancora: così il virtuale, il possibile, il non-ancora entra a far parte della mente umana e della cultura collettiva, si delinea come frontiera interiore dell'esperienza, ma come esperienza, appunto, possibile. Le frontiere dell'immaginazione pongono in atto una discontinuità nel nodo compatto del reale, ne sospendono l'assoluta necessi- tà, ne dilatano le frontiere, rendono possibile [...] l'alterità, l'altrove, il sogno/fantasticheria e, insieme, nutrono il dissenso, la capacità di-dire-no (il Neinsa- ger di Brecht), la volontà-di-oppisizione. Saldando, in tal modo, il cognitivo all'etico.*

Infine il narrare, la rete-di-storie che si, appunto, irretisce e dà così significato al mondo [...] ci immette in un tessuto connettivo storico-sociale, in una identità culturale e fa di essi il nostro mondo di appartenenza [...]

Attraverso quattro vie la narrazione nutre la mente e la costituisce: per via esplicativa, per via immaginativa, per via di proiezione virtuale e di dissenso, per via di costruzione del simbolico".[1]

Dal punto di vista della *formazione etica*, invece, si può facilmente notare come questa si possa avere sia attraverso la narrazione *tout court*, sia con i vari generi del narrativo (basta pensare all'epica prima, al romanzo poi, passando per la commedia):

"Così, infatti, l'io consolida se stesso, si articola attraverso esperienze virtuali, prende più coscienza di sé, dà forza alla sua identità. Ogni soggetto, ieri come oggi, è anche il terreno di battaglia e di sintesi di questi modelli immaginari di esistenza, che entrano a far parte della stessa costruzione dell'io, del proprio io. Del suo consolidarsi come soggetto morale, che vive conflitti interiori, che progetta il proprio esistere, che si salda a un orizzonte-di-senso, fatto di valori, di norme, di regole, ma rivissute e autenticate dalla sua coscienza.

Ma c'è dell'altro, come abbiamo già accennato. Il narrativo in quanto sviluppo dell'immaginazione introduce anche in un altro mondo, dà voce a esperienze virtuali, che si legano a bisogni e ad attese che aprono sulle profondità (l'inconscio? Sì, personale e collettivo) del soggetto. La narrazione proietta, fa vivere, rende percepibili e «reali» (se pure nell'immaginario) altri luoghi, altri spazi, altre forme di vita, altre tipologie di esistenza, ecc., in cui tra bisogni/attese e realizzazione corre un legame di forte simbiosi".[2]

Dunque si hanno due "effetti etici": il reale si apre all'ulteriorità del virtuale, ricongiungendo esperienza e trasformazione e ponendo il soggetto nell'ottica del cambiamento; e vi è una valorizzazione del dissenso come fulcro dello spirito critico, dell'imparare a porsi in una dimensione di libertà e di proiezione di tale bisogno di libertà nel futuro.

Ora, questi meccanismi della formazione mentale ed etica hanno una valenza culturale e collettiva, ma avvengono anche a livello individuale, ed è qui che l'*educazione* deve entrare in gioco: l'educazione deve farsi custode della narrazione e deve svilupparla come strumento di formazione in tutte le sue potenzialità e in tutte le età della vita. Nell'infanzia, con la narrazione di storie e la loro invenzione; nell'adolescenza, agevolandola nelle forme di narrazione-di-sé (come il diario, ad esempio, o la poesia, fino al romanzo) senza mai porla come un esercizio forzato; in età adulta, in cui può assumere sia forma scritta che orale, ma che

---

1   Cambi, F., *La cura di sé come processo formativo. Tra adultità e scuola*, Gius. Laterza & Figli, Roma-Bari 2010, pp. 50-1.

2   Ivi, pp. 52-3.

qui acquisisce una funzione fondamentale nella sua forma di autobiografia per fare bilanci della e nella propria vita.

Non stupisca che tale pratica della narrazione sia pratica di formazione *lifelong*; ma non stupisca neppure come essa sia propria tanto del *rito* quanto del *gioco*, specificatamente del *gioco di ruolo*:

> "*È la narrazione a rivelarsi filo rosso delle molte vite vissute dal singolo in un'unica vita, è la narrazione che permette di creare questo spazio di gioco protetto, riti e gesti che introducono al gioco si susseguono inevitabilmente l'un l'altro, creando una storia che attraverso la memoria è possibile ripercorrere come un filo di Arianna, per tornare all'uscita (entrata) del labirinto di maschere che si è attraversato*".[3]

Il gioco opera una *mutazione di senso*, e la verità che in esso si trova non viene dalla possibilità di riportare direttamente i contenuti del gioco alla realtà, ma piuttosto nasce dalla "trasmutazione in forma della realtà" operata dal gioco: si richiede quindi ai partecipanti un primo passo di *autoformazione*, cioè il lasciare se stessi per poi ritrovarsi con maggiore consapevolezza di sé; sia nei rituali che nel gioco di ruolo si ha, poi, uno spazio in cui è possibile indossare maschere (anche terribili), mostrarle e guardarle, per fare esperienza di altre parti di sé senza alcuna ripercussione nel mondo reale. La narrazione offre un canale di *crescita reale attraverso il virtuale*, è una modalità in cui *fare esperienza*, e questo è confermato dallo studio di svariati autori. Si pensi, ad esempio, al lavoro di Bruner,[4] che ha sottolineato come sia attraverso la narrazione che noi *esperiamo il mondo*, per tutto l'arco della nostra esistenza, attraverso la messa in sequenza degli eventi, la loro concatenazione e la loro contestualizzazione. Per Bruner se il pensiero è *narrazione* (ovvero costruzione di relazioni significative strutturate secondo una "grammatica del tempo" che prevede un "prima", un "dopo" e un "verso"), noi conosciamo le cose del mondo inserendole nella narrazione continua che è il nostro pensiero; allo stesso modo, per l'autore, noi incontriamo noi stessi nell'incontro con l'altro, poiché nel dialogo interpersonale (così come nel monologo autoriflessivo, si badi bene) parliamo di noi stessi inserendoci in una narrazione e raccontandoci continuamente nel tentativo di *darci una forma* rispetto al fluire del tempo e degli eventi. Proprio il mutare continuo delle cose ci richiede continue *attribuzioni di significato*, e proprio attraverso il racconto definiamo il mondo e noi stessi, la nostra identità, all'interno del complesso narrativo che è la nostra cultura: ogni narrazione, allora, contiene la potenzialità di rivelare i meccanismi attraverso cui ogni soggetto elabora e genera la propria esperienza.

---

3   Ripamonti, M., *Finzioni. Le possibilità educative dell'irreale*, LEM, n. 26, Laterza, Roma-Bari, p. 10.
4   Si vedano per approfondimenti sul tema: Bruner, J.S., *Il conoscere*, Armando, Roma 1968; *La mente a più dimensioni*, Laterza, Roma-Bari 1988; *La fabbrica delle storie*, Laterza, Roma-Bari 2002.

"Ogni narrazione è organizzata infatti per tappe significative, ovvero luoghi del racconto in cui fatti precedentemente narrati trovano il loro epilogo e nuove trame narrative ne dipartono. Sono luoghi che corrispondono ad avvenimenti eccezionali, dove questa eccezionalità non è data dal "concreto" svolgersi degli eventi «là ed allora», ma dal significato e dalla forma che essi assumono agli occhi del narratore «qui ed ora». Si tratta di luoghi narrativi entro i quali è possibile rintracciare la struttura valutativa nascosta del giocatore, i suoi modelli di attribuzione di significato, il suo "sistema affettivo", le sue strategie organizzative, in una parola il suo progetto esistenziale.

È quindi un'attenzione allo stile narrativo adottato da giocatori quella che il conduttore del gioco-educatore deve tenere sempre vigile al fine di cogliere questi aspetti, di stimolarne l'emersione attraverso l'architettura di trame ad hoc, di favorire il riconoscimento di tali aspetti latenti attraverso l'inserimento di elementi narrativi rispecchianti, ed infine di presidiare la gratuità dell'evento, ovvero l'assenza di qualsiasi forma di valutazione circa i contenuti del gioco, pena l'inveramento delle strategie messe in atto e, ancora più grave, l'impossibilità di un riconoscimento di tali strategie da parte di coloro che le hanno praticate".[5]

Altri due autori parlano di narrazione e assunzione di un ruolo come esperienze quotidiane formative del sé reiterate per tutta la vita: Dennet e Goffman.

Daniel Dennet[6] affida la costruzione del sé alla rappresentazione che ognuno (attraverso linguaggio e gesti) è costantemente impegnato a "tessere", intrecciando *sequenze narrative* poste a difesa di ciò che ritiene di essere; la nostra vita quotidiana, però, non è il risultato di una narrazione pianificata e nessuno di noi è un narratore professionista, anzi, in fondo non siamo noi a tessere i nostri racconti, ma *sono loro a tessere noi: noi non esistiamo indipendentemente dai processi sociali all'interno dei quali veniamo costruiti e il sé è soltanto un'astrazione definita da tutte le interpretazioni e attribuzioni (comprese le nostre) che fanno capo a quel centro di gravità narrativa che è il nostro corpo.*[7] L'autore, pur non citandolo, non fa che riprendere la lezione di Goffman.

Erving Goffman è famoso per aver elaborato il famoso *modello drammaturgico della società*[8], secondo cui la vita quotidiana è una rappresentazione all'interno della quale ognuno riveste più ruoli e attraverso la quale si crea un senso di realtà condivisa; inoltre, in questa "rappresentazione" rituale si producono simboli sociali dotati di valore morale che si impongono agli individui e che sono mantenuti proprio attraverso la rappresentazione stessa. In poche parole, il sé è *prodotto dall'interazione sociale, è un effetto drammaturgico che emerge da una scena che*

5   Ripamonti, M., *Finzioni. Le possibilità...*, op. cit. p. 10.
6   Si veda Dennet, D.C., *Consciuousness Explained*, Little, Brown and Co., Boston, Toronto, London 1991.
7   Giuliano, L., *I padroni della menzogna. Il gioco delle identità e dei mondi virtuali*, Meltemi, Roma 1997, p. 123.
8   Trattato estensivamente nel testo chiave Goffman, E., *La vita quotidiana come rappresentazione*, Il Mulino, Bologna 1969.

viene rappresentata,[9] costruito ed esibito all'interno di *cornici metacomunicative* che definiscono e delimitano il senso delle nostre attività. Ma allora,

> *"il "personaggio" che viene rappresentato non ha un centro, una collocazione, ma è una risposta agli interrogativi della società [...]. I ruoli sociali, i luoghi della rappresentazione, la ribalta e il retroscena, i "rituali dell'interazione", permettono all'individuo di dare l'impressione che vi sia un'immagine ultima e definitiva che gestisce il tutto: la sua identità. E invece l'identità non è nulla di tutto questo, non è uno stato interno dell'individuo, ma il risultato di un'interazione tra le sue disposizioni interne e la situazione sociale esterna rappresentata dagli altri".*[10]

Come si vede, Goffman dà una nozione di identità che anticipa la *virtualizzazione dell'identità* stessa, creazione dinamica sempre prodotta e riprodotta nel quotidiano, una narrazione (condivisa) in risposta alle sollecitazioni e alle domande delle altre realtà virtuali.

In conclusione, si può dunque affermare che:

> *"partecipare ad un gioco di ruolo, in definitiva, significa partecipare alla narrazione di una vita, alla sua rappresentazione su di un palcoscenico di fantasia, è il realizzarsi di quel particolare* setting *entro il quale l'emergere di significati vitali non si confonde con la vita, ma si configura come esperienza formativa".*[11]

---

9   Ivi, p. 289.
10 Giuliano, L., *I padroni della menzogna...*, op. cit. p. 124.
11 Ripamonti, M., *Finzioni. Le possibilità educative dell'irreale*, op. cit. p. 12.

L'autrice

Margherita Masetti, nata e fieramente residente a Pisa, tocca i famosi "-enta" nell'Anno Domini MMXV con due lauree magistrali (in Filosofia morale a Pisa e in Scienze dell'educazione degli adulti a Firenze), un corso di perfezionamento in Diritto all'istruzione e didattica interculturale, e un master in Comunicazione Impresa Banche e Assicurazioni. Attualmente cameriera, cuoca e agente immobiliare, nonché babysitter e formatrice, è studiosa del fenomeno ludico e giocatrice attiva sotto le più svariate forme (dal larp al gaming su console e pc, dai giochi da tavolo agli ice-breaking per la preparazione attoriale). La sua filosofia di vita sposa appieno la frase di G. B. Shaw, secondo cui "l'uomo non smette di giocare perché invecchia, ma invecchia perché smette di giocare".

Indicazioni bibliografiche di questo articolo

Masetti, M. (2015) "Narrazione e gioco: un legame indissolubile", in Giovannucci, A., Trenti, L. (a cura di), *Larp attack! Esperienze e riflessioni dal mondo dei giochi di ruolo dal vivo*, Roma, Larp Symposium.

Andreas Aceranti
Simonetta Vernocchi

Il gioco di ruolo dal vivo come realtà transizionale per imparare a essere se stessi

Il gioco rappresenta un esercizio fondamentale nella strutturazione della personalità: in ogni cultura l'evoluzione dei giochi nelle varie tappe dello sviluppo del bambino si rassomiglia tanto che teorie antropologiche, psicologiche e neurofisiologiche ne hanno illustrato i possibili significati e meccanismi comuni.

I bambini dagli 8-12 mesi in poi esprimono specialmente con il gioco la cosiddetta "onnipotenza infantile", ossia nel momento della rappresentazione ludica, più che in ogni altro, sentono di potere fare ogni cosa e di poter controllare tutto e tutti. Di fatto la madre, che ha rappresentato tutto il suo mondo ed era a sua completa disposizione, almeno nelle prime settimane di vita, non è più ora così tanto disponibile; il bambini deve quindi fare i conti con il distacco. Infatti quando la madre non c'è il bimbo necessita di un *oggetto transizionale* in cui può trovare sollievo, di solito un gioco, un oggetto (ciuccio, biberon, copertina) o una forma simbolica che gli permetta di sopportare il distacco.

Anche la percezione di poter controllare la realtà che si ha nei primi anni di vita viene ben presto messa in discussione: il bimbo si trova spiazzato di fronte ai primi fallimenti. Nella capacità materna di non deriderlo, di supportarlo, di sostenerlo con sguardo benevolo e incoraggiante dipende la strutturazione di un sé forte e indipendente: la madre deve essere rassicurante rispetto alla possibilità del bambino di farcela da solo e in modo originale. La madre dovrebbe dare un significato ai piccoli fallimenti che rientrano nel naturale iter di crescita. È in questo contesto che si afferma il concetto di *spazio transizionale* necessario per metabolizzare i fallimenti, interiorizzare l'idea di un sé non perfetto né onnipotente ma reale e umano. Grazie alla dimensione ludica il bambino può crearsi una realtà alternativa appagante ove può rappresentare in modo protetto i propri fallimenti e il superamento degli stessi. Nello spazio transizionale impara a conoscere il proprio corpo, osserva il corpo degli altri, sperimenta i primi contatti e relazioni "sociali".

Nel caso di una alterazione nel processo di attaccamento e separazione dalla figura materna, di mancato superamento delle tappe di cui sopra abbiamo discusso, anche in età adulta sarà molto difficoltoso superare i fallimenti e le difficoltà normali della vita. L'adulto che non ha appreso nell'infanzia a fare i conti con la propria fragilità ma è stato esibito come vessillo delle ambizioni genitoriali presenterà una strutturazione del sé fragile. Tanto più ai giorni nostri dove le famiglie crescono di solito un solo figlio (e se ci sono due fratelli nascono a distanza di anni), spesso gli adolescenti presentano tratti di personalità francamente patologica e un sé fragile; necessitano di continui rinforzi, richiedono un contenimento continuo o ricercano il conforto da sostanze.

Ricercare uno spazio di esibizione e di approvazione nell'adolescenza è normale, ma se la ricerca diviene spasmodica, o impedisce lo svolgimento di normali compiti, oppure si ricorre a droghe, alcol o altre dipendenze, si parla di "disturbo di personalità". Chi sperimenta nell'adolescenza questo tipo di sofferenza può trovare sollievo, anche in età adulta, in uno *spazio transizionale* almeno nei momenti difficili.

È molto più diffusa di quel che si crede la necessità anche in età adulta di concedersi una pausa creativa in cui avere nuova energia per la propria esistenza quotidiana. Le "dimensioni alternative" in cui gli adulti (e gli adolescenti) possono rifugiarsi sono per esempio gli atti creativi e la dimensione artistico/culturale, o lo sport, attività che sono socialmente approvate, oppure l'avere una doppia vita sentimentale o il ricrearsi nella dimensione lavorativa una personalità differente da quella quotidiana; questi comportamenti pur non essendo socialmente approvati sono tollerati. Infine c'è chi si rifugia in una setta religiosa o in un gruppo estremista ben strutturato e chiuso. Questi rappresentano dei "meccanismi di compenso". Sono importanti a tal punto che per esempio il pensionamento può non essere tollerato da chi ha fatto del lavoro la propria dimensione alternativa.

Il successo dei giochi di ruolo, specie quelli dal vivo, è proprio questo di fornire uno *spazio transizionale* ideale, senza dover ricorrere alle dipendenze o ai compensi sopra menzionati. Dare uno spazio per recuperare le energie e per "tollerare" la quotidianità, ricaricarsi, gettare la maschera e per qualche giorno essere se stessi. I giochi di ruolo dal vivo permettono un'autentica sperimentazione in un ambito protetto dei conflitti personali e la messa in scena degli stessi senza le convenzioni sociali, ma con regole nuove. Si sperimenta la lotta, la battaglia, la vittoria e il fallimento, la consolazione e la disperazione. Si mettono in scena emozioni e sentimenti in modo così autentico e spontaneo che raramente nella vita reale questo può accadere. È un paradosso, lo comprendiamo, ma è proprio così: nella vita reale le convenzioni sociali, le scelte passate, la nostra storia, la nostra famiglia, la nostra personalità stessa ci costringono a fingere, a non mostrarci per quello che siamo, a non mostrare le nostre emozioni, a modularle e bloccarle, a dissimulare praticamente in ogni momento, talvolta anche negli affetti.

Il gioco da ruolo dal vivo promuove i rapporti sociali favorendo la creazione di rapporti di amicizia e di fiducia più stabili di quelli creati in altre circostanze come, ad esempio, la scuola o il lavoro.

Il gioco di ruolo concede uno spazio, un tempo, una storia, un personaggio dove possiamo essere noi stessi, liberi di sperimentare, tentare, cadere senza essere derisi, o essere derisi senza per questo cadere a pezzi. Tra tutti i giochi di ruolo, quelli dal vivo eccellono perché coniugano la fantasia (elemento tipico e fondamentale di tutti i giochi) con la componente materiale (vestiti, armi, oggetti di scena) permettendo così anche alla persona che scarseggi in fantasia di poter godere al meglio dei benefici di cui abbiamo parlato fin qui.

Potrebbe essere importante riuscire a condividere, leggere e dare significato a queste esperienze. Ma anche qualora non sia possibile un'interpretazione dell'esperienza vissuta, restare per giorni calati in una parte, rapportarsi rispettando regole e ruoli può diventare un'esperienza sicuramente formativa e un sollievo dalla vita di ogni giorno.

Bibliografia

Aceranti, A., Vernocchi, S., Spini, E., Ferrante, A., *Infanzia ed Adolescenza Psicopatologia, neurofisiologia tecniche di ascolto e di supporto*, Istituto Europeo di Scienze Forensi e Biomediche, 2015

AA. VV. *Maghi, streghe e resurrezioni. Come il gioco ti salva la vita e la vita diventa un gioco*, Istituto Europeo di Scienze Forensi e Biomediche, 2013

Gli autori

Andreas Aceranti, psichiatra, criminologo clinico, specializzato in Analisi Comportamentale e Profiling al Trinity College di Londra. Professore a contratto per diverse università (Università degli Studi di Novedrate, Università degli Studi di Lugano, LUdeS di cui coordina il Centro di Criminologia, Tor Vergata di Roma), consulente per la Procura e per le Forze dell'Ordine, esercita come formatore e dirige l'Unità Analisi Comportamentale dell'Istituto Europeo di Scienze Forensi e Biomediche.

Simonetta Vernocchi, medico, lavora come internista in un ospedale pubblico. Professore a contratto per diverse università (Tor Vergata di Roma, Università degli Studi di Novedrate, Universitas Ostraviensis, Nostra Signora del Buon consiglio Elbasan) relativamente alle tematiche di fine vita, fisiologia e fisiopatologia, collabora come docente con la scuola Adleriana di Psicoterapia di Milano. Socio fondatore dell'Istituto Europeo di Scienze Forensi e Biomediche.

Indicazioni bibliografiche di questo articolo

Aceranti , A., Vernocchi, S. (2015) "Il gioco di ruolo dal vivo come realtà transizionale per imparare a essere se stessi", in Giovannucci, A., Trenti, L. (a cura di), *Larp attack! Esperienze e riflessioni dal mondo dei giochi di ruolo dal vivo*, Roma, Larp Symposium.

Anna Sara D'Aversa

L'Imagination au pouvoir: larp à l'attaque!

L'imagination au pouvoir (l'immaginazione al potere) è stato uno degli slogan più emblematici diffusi nel maggio parigino del 1968: la scritta comparve sui muri dell'Università *Sorbonne* durante il mese-simbolo della contestazione giovanile dell'epoca. Da sempre l'immaginazione e la sua narrazione hanno significato per l'essere umano uno strumento di comprensione e di presa di coscienza delle profondità delle strutture di potere e di dominio della società (dalle società più arcaiche fino a quella postcapitalista e ipercapitalista), oltre che una maniera per intentare una liberazione dalle stesse. L'essenza estetica della costruzione di mondi "altri", o di mondi "secondari" per usare la terminologia tolkieniana, è di tipo resistente, ostinato, teso (*spiel von spannungen*), e si coagula con la capacità intrinseca nell'arte (intesa come *poiesis*[1]) dell'immaginazione di liberarsi dalle repressioni del pensiero attuate dai dispositivi di potere, di resistere alle forzature controllate operate dagli organismi di potere della realtà costituita, quella che Michel Foucault e Gilles Deleuze hanno chiamato, non a caso, "società del controllo".[2] L'immaginazione è comunemente definita come una particolare curvatura dell'intelletto, come una categoria di conoscenza che rappresenta culmine e potenziamento del pensiero. È il pensiero della differenza, è la necessità della costruzione di mondi "altri"; in effetti raccontare ha a che fare con la libertà poiché ogni emancipazione contiene in sé una nuova narrazione del mondo. Il gioco di ruolo è narrazione dell'immaginazione e il larp non ne è che una trasmutazione in forma, un "attacco" allo spazio-tempo come categorie misurabili, una messa in forma iper-sensibile delle categorie del ruolo. Non a caso il termine larp in francese viene tradotto con l'espressione *jeu de rôle grandeur nature*, ovvero "gioco di

---

1   Con il termine *poiesis* (ποίησις), utilizzato da Erodoto per la prima volta a significare la "creazione poetica", si intende il "fare dal nulla", la creazione dell'immaginazione.

2   Cfr. Deleuze, G., *Pourparler 1972-1990*, Quodlibet, Roma 2000.

ruolo a grandezza naturale", spesso abbreviato semplicemente in *grandeur nature* o nell'acronimo GN. Ogni racconto, ogni storia, ogni favola, ogni esperienza e avventura di *role-playing* rappresenta l'esercizio della categoria dell'immaginazione, della fantasia, della potenza di libertà, e condensa nel suo essere una totalità di significato e di senso. J. R. R. Tolkien considerava la fantasia come: "not a lower but a higher form of Art, indeed the most nearly pure form, and so the most potent".[3]

Riguardo alla potenza della finzione, Paul Valéry, celeberrimo poeta francese, in un'introduzione all'*Eureka* di Edgar Allan Poe scrive (riferendosi alla favola come germogliamento di immaginazione): "All'inizio era la favola. E vi sarà sempre"[4].

> *"Perciò mi capitò di scrivere un giorno: All'inizio era la Favola! Questo significa che ogni origine, ogni aurora delle cose è della stessa sostanza delle canzoni e dei racconti che circondano le culle. È una specie di legge assoluta che dovunque, in ogni luogo, in ogni periodo della civiltà, in ogni fede, all'interno di qualsiasi disciplina e in tutti i rapporti, - il falso sia di sostegno al vero e il vero si dia il falso per antenato, per causa, per autore, per origine e per fine, senza eccezione né rimedio - e il vero generi quel falso da cui pretende d'essere a sua volta generato. Ogni antichità, ogni causalità, ogni principio delle cose sono invenzioni favolose che obbediscono a leggi semplici".[5]*

Giacomo Leopardi e Giambattista Vico ripercorrono la filologia del termine "favola", dimostrando come la voce "favella" derivi proprio da una mutazione consonantica del termine latino *fabula*, che non significa altro che "discorso". Secondo Leopardi il concetto di mondo immaginario può essere integrato con quello di identificazione, come fondamento ultimo dell'individuo e della società, e con quello di creatività, intesa come capacità di creare forme e figure che non esistevano prima. La finzione genera realtà e non contraffazione. L'inganno intentato dalla fantasia è il fondamento di tutta la letteratura, è la legge della natura e, poiché la natura è di per sé il luogo della molteplicità e della differenza, chiedere il perché della fantasia significa rifuggire dalle illusioni e cercare un'unica verità. Il dispositivo sociale o religioso del potere (che viene chiamato realtà dominante, ordine precostituito, ecc.) nega la prima legge della natura ovvero la varietà, il cambiamento, la metamorfosi, il punto di vista alternativo, auspicando l'instaurazione di una verità, di una storia e di una narrazione univoca. L'opera d'arte, la vis creativa, è un'esperienza estetica vivente e vivibile che corrobora e muove lo spirito di resistenza contro l'ordine imposto: in essa è il germe dei nuovi modelli di azione politica e di comprensione sociale. La narrazione dell'immaginazione è germinazione continua di possibilità che si combinano, così come la natura. La finzione è *realtà*; infatti, Leopardi annota nello Zibaldone che:

---

3 Tolkien, J. R. R., *On fairy stories*, in *The Monster and the Critics and Other Essays*, George Allen and Unwin, London 1983, p. 111.

4 Poe, E. A., *Eureka - Saggio sull'universo spirituale e materiale*, Theoria, Roma 1982.

5 Valéry, P., *All'inizio era la favola. Scritti sul mito*, Guerini Associati, Milano 1988, p. 48.

"favella e favellare *derivano evidentemente da* fabula e fabulari *mutato al solito il b in v, come da* fabula *diciamo pure* favola; *onde, è come se dicessimo* fabella e fabellare. *Qui non c'è niente di notabile o strano: la cosa va da sé, e sarà stata notata da tutti gli Etimologi. Ma che ha da far la favella e il favellare col favoleggiare e colle favole? Qui, appunto, consiste il singolare e l'osservabile in questa derivazione. Perocché l'antico e il primitivo significato di* fabula, *non era* favola, *ma* discorso, *da* for faris, *quasi piccolo discorso, onde poi si trasferì al significato di* ciancia, nugae, *e finalmente di* finzione *e* racconto falso. *Appunto, come il greco* mythos *nel suo significato proprio, valeva lo stesso che* logos. [...] *Del resto come* mythos *e* fabula *vuol dire al tempo stesso* discorso *e* favola, *e da quel primo significato fu trasferito al secondo così viceversa nella nostra lingua* novella *e* novellare, *dal significato di* favola *o* racconto, *trasferiti a quello di* ciance *o di* favella, *hanno parimente nel tempo stesso il valore di* favola *e di* discorso"[6].

La nascita del *mythos*, il racconto del mondo, le cosmogonie fantastiche, coincidono con la nascita del *logos*, ovvero del pensiero, del discorso. Originariamente la favola e il discorso erano la stessa cosa: "è nella favola che il linguaggio affonda le proprie radici; iniziando a dispiegarsi attraverso metafore e figure, le quali, in quanto assolvono una funzione spiccatamente comunicativa, acquistano un'irrevocabile realtà".[7] La favola è la nostra stessa cosmogonia, siamo noi stessi, è la natura. Raccontare ha a che fare con la libertà, perché ogni emancipazione contiene in sé una nuova narrazione del mondo.

La narrazione è anche un gioco, poiché con quest'ultimo condivide una serie di caratteristiche che la rendono estremamente affine alla pratica ludica. Il gioco, nell'antropologia culturale di base, è definito infatti come una forma generalizzata di apertura comportamentale e come facoltà di pensare, dire e fare cose diverse nello stesso modo e la stessa cosa in modi diversi. L'esplorazione ludica, in tutte le specie, serve a favorire l'apprendimento e la versatilità comportamentale. Inoltre, secondo alcuni studiosi, il giocare sarebbe un segnale biologico di forza e benessere e comunica lo stato di salute (si dice dei bambini, infatti, che sono sì malati, ma giocano e si divertono, e quindi va tutto bene).

Alcuni degli elementi che accomunano il gioco e l'atto creativo di narrazione dell'immaginazione sono:

- quello che l'antropologia culturale chiama "passaggio dal serio al faceto", ovvero il transito tra due dimensioni completamente diverse, da una forma di realtà a un'altra;

6   Leopardi, G., *Pensieri di varia filosofia e di bella letteratura*, Le Monnier, Firenze 1898-1900, p.27.
7   Mazzarella, A., *La potenza del falso. Illusione, favola e sogno nella modernità letteraria*, Donzelli, Roma 2004, p.91.

- metalinguaggio e inquadramento, secondo gli studi di Gregory Bateson,[8] ovvero la segnalazione di un'espressione (meta)linguistica ludica che sancisce e inquadra l'ingresso in un mondo immaginario nel quale mordere non significa davvero mordere (come fanno i cuccioli di alcune specie animali, per esempio), o piangere non significa davvero piangere;

- riflessività: il gioco ci offre l'opportunità di meditare sulle dimensioni sociali e culturali del mondo che abitiamo. Insinuando l'idea che esistano più modi di intendere la vita normale, il gioco diventa un commento sulla natura di quella stessa normalità. La comunicazione nel gioco, così come nel racconto di finzione, nella fiaba e nella favola, verte sul possibile anziché sull'ideale o il reale. In particolare il gioco ci impedisce di prenderci troppo sul serio, ci fa capire che esistono altre spiegazioni, anche comiche, delle nostre esperienze.

Secondo il sociologo, scrittore e studioso di giochi Luca Giuliano "è proprio il gioco, in quanto tale, ad essere il luogo di compensazione, addestramento e controllo di tensioni che appartengono da sempre alla storia dell'uomo e delle società"[9].

Il punto di incontro tra la narrazione dell'immaginazione (fiaba, favola, racconto di finzione) e il gioco è il gioco di ruolo, nella sua essenza più complessa e infiorescente del larp. Considerate, infatti, queste premesse etimologiche, filologiche, concettuali ed estetiche, possiamo considerare il gioco di ruolo e in particolar modo il larp come le maniere più ricche e incisive di costruzione di realtà e di produzione di senso, come vere e proprie azioni di *attaque* al Sé prescritto, ai confini dell'esistenza fisica e ai limiti della vita ordinaria. Parafrasando Italo Calvino, possiamo considerare i ruoli come il catalogo dei destini che possono darsi a un uomo e a una donna.[10] La costruzione di un altrove è un bisogno primordiale, la finzione ci permette di esperire una molteplicità di vite possibili, un'infinità di mondi coerenti, plausibili e abitabili. Giuliano descrive i giochi di ruolo come

"*espressione della postmodernità, dei suoi caratteri di molteplicità, flessibilità e problematizzazione della realtà. Gli spazi virtuali cui essi danno vita sono un laboratorio e un terreno di sperimentazione di quello che gli scenari del futuro ci stanno preparando*".[11]

---

8   Bateson, G., *Questo è un gioco. Perché non si può mai dire a qualcuno: Gioca!*, Raffaello Cortina Editore, Milano 1998.
9   Giuliano, L., *I padroni della menzogna. Il gioco delle identità e dei mondi virtuali*, Meltemi, Roma 1997, p.23.
10   Italo Calvino nell'introduzione alla sua opera *Fiabe Italiane* scrive che le fiabe: "sono, prese tutte insieme, nella loro sempre ripetuta e sempre varia casistica di vicende umane, una spiegazione generale della vita nata in tempi antichissimi e serbata [...] fino a noi; sono il catalogo dei destini che possono darsi a un uomo e a una donna", Calvino, I., *Fiabe Italiane*, Mondadori, Milano 2001, p. XV.
11   Giuliano, L., *I padroni della menzogna...*, op. cit., p. 138.

Gli spazi virtuali cui il larp costruisce un altrove peculiare, in cui ogni cosa, persona, fatto, emozione o gesto diventano "altro", piegati all'eternità di un tempo inesistente e quindi potenzialmente infinito, aggrovigliato tra i due vortici concettuali di *Kronos* e *Aiôn*, che Gilles Deleuze illustra chiaramente nella sua celeberrima opera *La logica del senso*:

> *"Chronos è il presente che solo esiste e che fa del passato e del futuro le sue due dimensioni provviste di direzione, tali per cui si va sempre dal passato al futuro, ma man mano che i presenti si succedono nei mondi o sistemi parziali. Aîon è il passato-futuro in un'infinita suddivisione del momento astratto che non cessa di scomporsi nei due sensi contemporaneamente, schivando per sempre ogni presente".*[12]

Nella mitologia greca, *Kronos* era il padre di *Aiôn*, e proprio di *Aiôn* Eraclito scriveva: "è un fanciullo che gioca spostando i dadi: il regno di un fanciullo".[13] Il regno ludico del bambino si situa sotto il *pavé* spazio-temporale della realtà costituita: in questo senso le azioni del bambino, dello studente del maggio '68, del giocatore di ruolo, coincidono: un altro dei famosi slogan parigini del 1968, *"Sous les pavés, la plage"*, stava a indicare che sotto i sampietrini che lastricavano le strade del quarto *arrondissement* parigino, c'era sabbia, esortando così la resistenza studentesca a divellere le pavimentazioni delle strade per vedere la sabbia al di sotto, ma soprattutto per difendersi dalle cariche della polizia, scagliando i cubi di pietra divelti. Sotto il *pavé* esiste il mondo del gioco di ruolo dal vivo, una zona di rimessa in discussione del mondo, di libertà individuale, di giustizia sociale e di dignità umana in cui si verifica, in maniera del tutto speciale, quella che Roger Caillois definiva *ilinx* o vertigine, una delle quattro pulsioni primarie che presiedono al gioco insieme a *mimicry*, *agon*, e *alea*. Lo studioso Giuliano definisce, con parole colorite, l'*ilinx* come:

> *"uno stato di smarrimento del giocatore che vorrebbe uscire dal mondo, annullamento della volontà che si sottomette all'emozione. La vertigine non è una violazione delle regole, ma il desiderio di sottrarsi alle regole. [...] Tuttavia la vertigine consiste anche nel sottrarsi alle regole morali. È il piacere del disordine che coglie l'adulto represso quando scrive frasi oscene nei bagni pubblici, oppure l'eccitazione distruttiva che si impadronisce del giocatore quando uccide gli alieni in un videogame tra il fracasso delle armi, gli schizzi di sangue e le urla di dolore dei feriti immaginari".*[14]

Il gioco di ruolo dal vivo, ammettendo in maniera complessa la sospensione di quello che Antonin Artaud chiamava *le jugement de Dieu*,[15] ovvero la sospensione

12   Deleuze, G., *La logica del senso*, Feltrinelli, Milano 2005, p.95.
13   Eraclito, *Frammenti*, BUR Rizzoli, Milano 2013, fr.52.
14   Giuliano L., *I padroni della menzogna...*, op. cit., p.21.
15   Artaud, A., *Pour en finir avec le jugement de Dieu*, in *Oeuvres Complètes*, vol.8, Gallimard, Paris 1974.

della legge morale, assume una declinazione politica, non nel senso di *politikos* o *politike*, ma di *politeia*, ovvero ciò che si riferisce al collettivo, a una somma di individualità e/o di molteplicità, poiché riguarda la costituzione di struttura e funzionamento (metodologico, teorico e pratico) di una comunità. Lo spazio di attacco del larp è uno spazio autonomo di resistenza, nel quale l'esperimento ludico, la produzione di senso artistico e l'atto creativo della narrazione e della messa in forma sensibile dell'immaginazione, essendo parte integrante della sovrastruttura sociale secondo la teoria estetica di Karl Marx e Herbert Marcuse, sono strettamente connesse con il "politico" e l'"estetico". Il larp, nelle sue declinazioni più fini, è un'azione di attacco e di resistenza nella quale la portata rivoluzionaria e la qualità artistica coincidono. L'attacco diretto del larp ricorda da molto vicino la lotta portata avanti dal movimento situazionista storico[16] e dai movimenti neo-situazionisti e performativi dei collettivi di *guerrilla* culturale contemporanea. Come è noto, il Situazionismo è stato uno dei movimenti più incisivi per la costruzione del pensiero occidentale, soprattutto per l'intensificazione della necessità di una resistenza culturale contro la desertificazione concettuale operata dalla società post-capitalistica. Alcuni dei punti espressi nelle cosiddette Tesi di Amburgo, teorizzate nel 1961 da Guy Debord in seno all'Internazionale Situazionista, recitano:

> *"a) porsi come un insieme calato nella totalità (rifiuto del riformismo) in un mondo deficitario;*
> *b) costruire basi situazioniste, preparatorie di un urbanismo unitario e di una vita liberata;*
> *c) restituire al vissuto la preminenza contro i modi mitici, immutabili, quantificati;*
> *d) definire nuovi desideri nel campo del possibile attuale;*
> *e) impadronirsi dei mezzi tecnici, che, dominando il possibile, gli impediscono di realizzarsi".*[17]

Questi principi rendono la *verve* situazionista molto prossima a quello che è lo spirito del larp. Il larp può sviluppare una qualità di sopravvivenza creativa che si avvicina sempre più alla volontà di vivere "che i situazionisti avevano onorato

---

16 "Il Situazionismo fu un movimento culturale rivoluzionario che considerava le "situazioni" al centro della liberazione dall'egemonia costituita, in direzione di una collettivizzazione post-egemonica degli individui. In accordo al Marxismo tradizionale (e in totale disaccordo con i regimi dittatoriali e totalitari), abbracciava i concetti di feticismo delle merci, di reificazione, di alienazione, e mentre il Marxismo si basava sulla produzione e sui luoghi del lavoro, i Situazionisti evidenziarono l'importanza della riproduzione sociale e dei nuovi modi del consumatore e della società della comunicazione nell'epoca post-bellica", D'Aversa, A. S., Rebuts situazionisti e lotta ludica all'oppressione come strategia di resistenza estetica nella contemporaneità. Il fenomeno Luther Blissett, in Itinerari Quaderni di Studi di Etica e di Politica, n.3, Lanciano 2014, p. 170.

17 Balestrini N., Moroni, P., Bianchi S., *L'orda d'oro: 1968-1977. La grande ondata rivoluzionaria e creativa, politica ed esistenziale*, Feltrinelli Editore, Milano 2007, p.125.

con i loro giochi rivoluzionari":[18] l'esperienza del gioco di ruolo dal vivo genera resistenza culturale e non rappresenta solo la ricerca di un'isola incontaminata in cui ricostruire una nuova umanità, ma, soprattutto, genera "nichilismo del senso, dell'identità come gioco, piacere, invasione".[19] Il delirio e la vertigine dei larper sono dovuti alla messa in pratica sensibile dell'articolazione della differenza all'interno del campo del possibile; d'altronde, Jean Baudrillard affermò che "dato che il mondo prende una piega delirante, dobbiamo adottare un punto di vista delirante".[20]

La lotta estetica propugnata dall'azione di gioco di ruolo dal vivo contro l'esistenza unidimensionale propone un recupero della produzione da parte dell'individuo, che, attraverso l'articolazione della differenza categorica (identità, spazio, tempo), può così imparare a generare autonomamente la propria vita e i modi di attività individuale e collettiva.

18   Ghirardi, S., *Non abbiamo paura delle rovine. I situazionisti e il nostro tempo*, DeriveApprodi, Roma 2005, p. 144.
19   Binotto, M., *Pestilenze. Dall'Aids alle reti di comunicazione: virus e contaminazione come metafora del nostro tempo*, Castelvecchi Editore, Roma 2003, p. 224.
20   Baudrillard, J., *L'échange symbolique et la mort*, Gallimard, Paris 1976; tr. it. Mancuso, G., Lo scambio simbolico e la morte, Feltrinelli, Milano 2007.

L'autrice

Anna Sara D'Aversa si è laureata presso il DAMS di Roma Tre con una tesi in Estetica della Musica; è titolare di un Master in Music Supervision conseguito al Berklee College of Music di Boston, e attualmente è dottoranda di ricerca in Estetica della Musica presso l'École Doctorale Esthétique, Sciences et Tecnologies des Arts dell'Università Paris 8 con un progetto di ricerca sul concetto di Resistenza Estetica. Autrice di diverse pubblicazioni in ambito filosofico e musicale, appassionata di avanguardie artistiche, di gioco di ruolo e di arti marziali, affianca all'attività di ricercatrice quella di compositrice per cinema, teatro e videogiochi, musicista e insegnante di musica presso il Laboratorio 41 di Bologna.

Indicazioni bibliografiche di questo articolo

D'Aversa, A. S. (2015) "L'Imagination au pouvoir: larp à l'attaque!", in Giovannucci, A., Trenti, L. (a cura di), *Larp attack! Esperienze e riflessioni dal mondo dei giochi di ruolo dal vivo*, Roma, Larp Symposium.